Le petit livre de
la Grammaire anglaise

Jean-Bernard Piat

Le petit livre de
la Grammaire anglaise

FIRST
Editions

© Éditions Générales First, 2005

Le Code de la propriété intellectuelle interdit les copies ou reproductions destinées à une utilisation collective. Toute représentation ou reproduction intégrale ou partielle faite par quelque procédé que ce soit, sans le consentement de l'auteur, de ses ayants droit ou de ses ayants cause est illicite et constitue une contrefaçon sanctionnée par les articles L 335-2 et suivants du Code de la propriété intellectuelle.

ISBN 2-75400-089-5
Dépôt légal : 3e trimestre 2005
Imprimé en Italie
Conception couverture : Bleu T

Conception graphique : Georges Brevière

Nous nous efforçons de publier des ouvrages qui correspondent à vos attentes et votre satisfaction est pour nous une priorité.
Alors, n'hésitez pas à nous faire part de vos commentaires à :

Éditions Générales First
27, rue Cassette, 75006 Paris
Tél : 01 45 49 60 00
Fax : 01 45 49 60 01
e-mail : firstinfo@efirst.com

En avant-première, nos prochaines parutions, des résumés de tous les ouvrages du catalogue. Dialoguez en toute liberté avec nos auteurs et nos éditeurs. Tout cela et bien plus sur Internet à www.efirst.com

Pour Florent et Théodore

Sommaire

•

Avant-propos	9
NOMS ET ACCESSOIRES	11
Les noms	11
Les pronoms	19
Les articles : « les pinces à noms »	28
Les démonstratifs : « les poteaux indicateurs »	33
Les possessifs	35
Le cas possessif	38
Les mots interrogatifs	40
Les quantificateurs	40
Les adjectifs qualificatifs : les « étiquettes »	47
Les adjectifs numéraux	55
Les adverbes	58
Les prépositions	61
VERBES & CIE	69
Les conjugaisons	69
Listes des verbes irréguliers	81
Emploi des temps et des modes	88
Les modaux ou « grains de sel »	117
Petits jeux avec auxiliaires	123

Les verbes	127
La phrase	144

Avant-propos

•

« La grammaire est l'art de lever les difficultés d'une langue, mais il ne faut pas que le levier soit plus lourd que le fardeau. »

(Rivarol, Discours sur l'universalité de la langue française.)

Cet abrégé n'est pas une grammaire comme les autres. Il a pour ambition d'être tout simplement... lu par ceux qui l'achèteront, ambition, somme toute, peu banale, puisque personne n'ouvre jamais une grammaire ! Il prétend, pour cela, aller à contre-courant des manuels indigestes en vogue.

Il se veut clair, accessible, anti-cuistre. Ce livre est un guide pratique, au style irrévérencieux et vivant, dont bon nombre d'exemples sont des mots d'humoristes. Pourquoi la grammaire devrait-elle être une discipline aride ? La mode est à la pédanterie jargonneuse. La plupart des grammaires anglaises sur le marché sont des ouvrages fastidieusement descriptifs, écrits par des pontifes pour des agrégatifs... Des considérations pâteuses viennent inutilement alourdir la sauce. Quant aux termes grammaticaux utilisés, ils sont souvent de nature à dégoûter l'étudiant de bonne volonté. Ce petit vade-mecum tente de contourner les mots savants ou d'en donner des équivalences, sans doute moins exactes, mais plus parlantes, voire rigolotes !

Cet abrégé n'est pas exhaustif, mais sélectif. Il a fallu ainsi éviter les cheveux complaisamment coupés en quatre qui ne font qu'embrouiller l'esprit de l'étudiant lambda. Inversement, il y a des règles simples et essentielles qui doivent être soulignées à gros traits.

Ce petit livre n'hésite pas à fournir ce que réclame tout « apprenant » normalement constitué : des recettes, souvent méprisées des pédagogues, mais légitimes. Il suggère des trucs, signale les pièges, donne des conseils, indique les Grands Classiques de la grammaire anglaise.

Il joue sur la comparaison constante avec la langue française, donnant la traduction de toutes les phrases d'exemple. Ce livre ne recule pas, au passage, devant des remarques de bon usage concernant la langue française.

N.B. Les apprentis anglicistes auront tout intérêt à se dispenser des passages en petits caractères, censés s'adresser aux plus chevronnés.

Noms et accessoires

•

LES NOMS

Noms dénombrables et indénombrables le singulier et le pluriel

Les noms s'utilisent, comme en français, avec des « déterminants ».

Les noms dénombrables (l'écrasante majorité) sont des noms qu'on peut compter, donc utiliser avec un article indéfini et au pluriel. En revanche, on ne peut pas compter les indénombrables, qu'on n'utilise pas avec l'article indéfini.

Les dénombrables prennent tout bêtement un *s* au pluriel. Mais pas tous !

• Pluriels à problèmes
Quelques pluriels en s enrichi
   box => *boxes* (boîtes)
   bus => *buses* (autobus)
   flash => *flashes* (éclairs)
   match => *matches* (allumettes ; matchs)
   potato => *potatoes* (pommes de terre)
   sandwich => *sandwiches* (sandwiches)

thief => *thieves* (voleurs)

Quelques pluriels de fantaisie
man => *men* (hommes)
woman => *women* (femmes)
child => *children* (enfants)
tooth => *teeth* (dents)
foot => *feet* (pieds)
mouse => *mice* (souris)
phenomenon => *phenomena* (phénomènes)

Quelques noms inoxydables
Sont invariables : *sheep* (mouton), *fish* (poisson), *a means* (un moyen), *a series* (une série)...

N.B. *People* est un dénombrable pluriel qui ne prend pas de *s* !
Le mot a deux sens : 1) gens, 2) personnes.
People think it is true. - Les gens pensent que c'est vrai.
Four people. - Quatre personnes

Les indénombrables : « noms forfaitaires »

Il y a des indénombrables singuliers et des indénombrables pluriels. Ni les uns ni les autres n'admettent d'article indéfini.

• Indénombrables singuliers

advice (conseils), *economics* (économie), *evidence* (preuves), *fruit* (fruits), *furniture* (meubles, mobilier), *hair* (cheveux), *information* (renseignements, informations), *luggage* (bagages), *mathematics* (mathématiques), *news* (nouvelles), *politics* (politique), *progress* (progrès), *spaghetti* (spaghettis), *toast* (toasts), *travel* (voyages), *weather* (temps), *work* (travail)...

« *Advice is seldom welcome ; and those who need it the most always like it the least.* » (Lord Chesterfield)
« Les conseils sont rarement les bienvenus ; et ceux qui en ont le plus besoin sont toujours ceux qui les apprécient le moins. »

→ Un indénombrable singulier commande naturellement un verbe au singulier, même s'il se termine par un *s* !
« *Politics is perhaps the only profession for which no preparation is thought necessary.* » (R. L. Stevenson)
« La politique est peut-être la seule profession pour laquelle aucune préparation n'est jugée nécessaire. »

Comment faire pour obtenir l'unité ?
Eh bien, on se sert soit d'un « dénombreur »

le plus souvent *a piece of...* –,
soit carrément d'un... autre mot.
>   *a piece of advice* : un conseil
>   *a policy* : une politique

• Indénombrables pluriels

binoculars (jumelles), *clothes* (vêtements), *contents* (contenu), *customs* (douane), *goods* (marchandises), *jeans* (jean), *looks* (physique), *morals* (morale, moralité), *pyjamas* (pyjama), *scissors* (ciseaux), *shorts* (short), *stairs* (escalier), *tights* (collant), *trousers* (pantalon)

Pour obtenir l'unité, là encore, on se sert d'un « dénombreur », ou d'un autre mot : *a pair of trousers* : un pantalon, *a staircase* : un escalier

• Noms pluriels sous habillage singulier

Régime mixte (verbe au singulier et/ou pluriel) pour quelques noms comme *the police* (la police), *the government* (le gouvernement), *the team* (l'équipe), *the family* (la famille), *data* (données)...

>   *The government have (ou has) decided to...*
>   Le gouvernement a décidé de...
>   *These data are essential.* = *This data is essential.*
>   Ces données sont essentielles.

Les noms composés (avec nom ou gérontif) : compositions « à reculons »

La construction de base est simple : à la queue leu leu à l'envers, comme en allemand.
Avec ou sans trait d'union. Pas moyen de savoir d'emblée. À vérifier au cas par cas.

a horse-race : une course de chevaux
a racehorse : un cheval de course
a word-processing package : un logiciel de traitement de texte

N.B. Le nom additionnel (en première position) ne prend pas la marque du pluriel, étant considéré comme un adjectif :

a letter box : une boîte aux lettres
a 10-year-old-boy : un garçon de dix ans

Les noms propres
• Comme chez nous

Martin : Martin
Mr Wilson : M. Wilson
the Thames : la Tamise
the Dead Sea : la mer Morte
the Martins : les Martin (Noter le s en anglais.)

N.B. Si le patronyme se finit par un *s*, on lui ajoute *es* au pluriel : *the Joneses* : les Jones

• Le joyeux cafouillis des noms de nationalités

Met-on l'article ou pas pour les noms de nationalités ? Il faut faire la distinction entre les nationaux qui ont droit à un vrai substantif et ceux qui ne disposent que d'un simple adjectif...

1) Nationaux dotés d'un nom et d'un adjectif semblables

the Americans : les Américains
the Italians : les Italiens
(Adjectifs : *American, Italian*)

2) Nationaux dotés d'un nom et d'un adjectif différents

the Spaniards : les Espagnols
the Poles : les Polonais
the Turks : les Turcs
the Danes : les Danois
(Adjectifs : *Spanish, Polish, Turkish, Danish*)

3) Nationaux n'ayant pas droit à un vrai nom ! On se sert alors de l'« adjectif substantivé » : *the* + adjectif

the English : les Anglais

the French : les Français
the Dutch : les Néerlandais
→ Mais : *a Frenchman, an Englishwoman, etc.* (un Français, une Anglaise, etc.).
4) Nationaux dotés d'un nom et d'un adjectif semblables, mais avec nom... invariable !
the Chinese : les Chinois
the Japanese : les Japonais
the Portuguese : les Portugais
the Swiss : les Suisses

N.B. On peut dire : *a Chinese, a Swiss, etc.*

• Spécialités anglaises sans article
Les noms propres habillés d'un nom commun
Captain Smith : le capitaine Smith
Queen Elizabeth : la reine Elizabeth
Les noms habillés d'un adjectif
Old John : le vieux John
Les noms de pays
Great Britain : la Grande-Bretagne
Italy : l'Italie
Mais : *the USA* (+ singulier !) : les USA

La forme en -*ing*

• **Le gérondif ou nom verbal : « Verbe déguisé en nom ».**
Formation : base verbale + -*ing*

1) Correspondant à un infinitif français sujet
= « le fait de... »
« *Being in a ship is being in a jail, with the chance of being drowned.* » (Samuel Johnson) « Être sur un bateau, c'est être en prison, avec le risque de se noyer. »
➜ Horreur ! Ne pas utiliser d'« infinitif incomplet » dans ce cas ! *(Be in a ship is...)*

2) Après certains verbes (voir Structures du verbe)

3) Après toutes les prépositions sauf *to*
« *I don't want to achieve immortality through my work. I want to achieve immortality by living forever.* » (Woody Allen) « Je ne veux pas connaître l'immortalité par mon œuvre. Je veux connaître l'immortalité en vivant éternellement. »

• **Le participe présent (comme en français)**
She sighed, smiling feebly.
Elle soupira, souriant faiblement.

LES PRONOMS

Les pronoms personnels : les « doublures perso »

• Remarque liminaire.
Qu'est-ce qu'un pronom ? Une doublure « mise pour » un autre mot, le plus souvent un nom. Un « pour-nom ».

• Sujets
I : je
you : tu
he : il (homme)
she : elle (femme)
it : il, elle (chose)
we : nous
you : vous
they : ils, elles

• Compléments
me : me, moi
you : te, toi
him : le, lui (homme)
her : la, elle (femme)
it : le, lui, la, elle (chose)
us : nous
you : vous
them : les, eux

Le pronom complément se place toujours après le verbe.
  He helped me. Il m'a aidé.
  Did you see them ? Les as-tu vus ?

N.B. Après *than* et *as* (= « que » après un comparatif) on peut utiliser un pronom sujet + verbe ou un pronom complément.

He is stronger than I am. [Langue soignée]
He is stronger than me. [Langue courante]
Il est plus fort que moi.

→ Pas de sujet redoublé par un pronom !
I know what he means. (Et non : *Me, I know...*)
Moi, je sais ce qu'il veut dire.
The important thing is to avoid drinking too much.
(Et non : *The important, it is to...*)
L'important, c'est d'éviter de boire trop.
Betty and I left early.
(Et non : *Betty and me, we left early.*)
Betty et moi, nous sommes partis de bonne heure.

• **Spécialités anglaises**
1) Pour les anglophones, les bébés sont assexués.
Look at that baby ! Isn't it cute ?
Regarde ce bébé ! N'est-il pas chou ?
2) En revanche, pour parler de leurs multiples bestioles de compagnie (*pets*), les anglophones n'hésitent pas à employer les pronoms *he* ou *she*.

> *My poor dog... He looks off colour.*
> Mon pauvre chien... Il n'a pas l'air dans son assiette.

3) Pis, on utilise souvent en anglais *she* pour désigner avec affection un... bateau ou une voiture.

> *She's a good car.*
> C'est une bonne voiture.

4) Traduction de « C'est un(e)... »

> *He's a teacher.* (Et non : *It's a teacher.*)
> C'est un professeur.
> *She's a perfect fool.* (Et non : *It's a perfect fool.*)
> C'est une vraie cruche.

Mais :

> *Who is that ? It's Peter.*
> Qui est-ce ? C'est Peter.

Les pronoms réfléchis : les pronoms « nombrilistes »

Un pronom réfléchi est le « reflet » du sujet.

> *myself* : moi-même
> *yourself* : toi-même
> *himself* : lui-même
> *herself* : elle-même
> *itself* : lui-même, elle-même (chose)
> *oneself* : soi-même (indéfini)

ourselves : nous-mêmes
yourselves : vous-mêmes
themselves : eux-mêmes
I did it myself.
Je l'ai fait moi-même.
She's looking at herself in the mirror.
Elle se regarde dans le miroir.
Behave yourself !
Tiens-toi bien !

Les pronoms réciproques :
Les pronoms « altruistes »

Comparer :
They all looked at themselves in the mirror.
Ils se regardèrent tous dans la glace.
(= Chacun regarda son propre reflet dans la glace.)
They looked at each other.
Ils se regardèrent (mutuellement).

• Bonnet blanc ou blanc bonnet ?
En anglais de puriste, *each other* s'emploie pour deux personnes, *one another* pour plus de deux personnes. En pratique contemporaine, ils sont

interchangeables, mais *each other* est nettement plus courant.

• *One*, accompagnateur d'adjectif

Pour éviter de répéter un nom après un adjectif, on utilise *one(s)*.

the blue car and the red one :
la voiture bleue et la rouge
yellow marbles and green ones :
des billes jaunes et des vertes

Le pronom relatif et la subordonnée relative : le « raccord » et la « rallonge »

• *Who* et *which* : pronoms relatifs sujets = « qui »

Lorsque l'antécédent (= le mot placé avant le pronom relatif) est un être animé : *who*.
Lorsque l'antécédent est une chose : *which*.
« *A lady is a woman who never shows her underwear unintentionally.* » (Lilian Day) « Une dame est une femme qui ne montre jamais ses dessous sans le faire exprès. »

The table which is in my room.
La table qui est dans ma chambre.

- ***Whom* et *which* (bis) :**
  pronoms relatifs compléments = « que »

Lorsque l'antécédent est un être animé : *whom* (langue soignée) ou *who*

Lorsque l'antécédent est une chose : *which*.

> *The table which Peter gave me...*
>
> La table que m'a donnée Peter...

- ***That* : le relatif double fonction**

Avec *that*, l'antécédent peut être animé ou inanimé. Par-dessus le marché, ce même *that* peut être pronom relatif sujet et complément.

That, relatif complément est le plus souvent omis dans la conversation courante.

N.B. *That* ne peut s'employer, malgré tout, que dans les propositions relatives dites « déterminatives » (= dont on ne peut pas se passer).

→ Attention ! Dans les relatives dites « explicatives » (= facultatives), *who* et *which* ne peuvent pas être remplacés par *that*.

Les relatives « déterminatives » ne sont pas encadrées par des virgules. Elles sont fondues dans la

masse. Au contraire, les « explicatives », escamotables, sont délimitées par des virgules.
John, who dropped by yesterday, is Betty's husband.
John, qui (= lequel) est passé hier, est le mari de Betty.

- **Catapultage de préposition en queue de subordonnée**

Si le verbe de la relative est un transitif indirect (= se construit avec une préposition), la préposition est presque toujours rejetée en fin de subordonnée.
The guy (that) you have just laughed at is the new CEO. - Le type dont tu viens de te moquer est le nouveau P.-D.G.

- **Cas particuliers**

    The only... that... : le seul (etc.)... qui... que...
    The first... that... : le premier (etc.)... qui... que
    The last...that... : le dernier (etc.)... qui... que...
    The first woman (that) I loved...
    La première femme que j'aie aimée...
    The most beautiful woman (that) I've ever seen...
    La plus belle femme que j'aie jamais vue...
    « Ce qui » et « ce que »
    What ou *which* selon les cas.

1) *What* = (en charabia) « quoi »
« Never put off until tomorrow what can be put off until the day after tomorrow. » (Mark Twain) « Ne remettez jamais à demain ce qui peut être remis au surlendemain. »

2) *Which* « récapitule » la proposition précédente
« I have four children, which is not bad, considering I'm not a Catholic. » (Peter Ustinov) « J'ai quatre enfants, ce qui n'est pas mal, vu que je ne suis pas catholique. »

Truc. What n'est pas précédé d'une virgule, à la différence de *which*.

➜ « Tout ce qui » et « tout ce que »
Surtout pas *all what*. On traduit par :
    all that... = *everything that* : tout ce qui...
    all (that)... = *everything (that)* : tout ce que...
    Tell me all (that) he did. = *Tell me everything (that) he did.*
Raconte-moi tout ce qu'il a fait.

• « Dont »
Il y a « dont » et « dont » !
1) Le vrai « dont » : complément de nom =

« le... duquel » (etc.)
Le relatif « dont » complément de nom se traduit par *whose*, quel que soit l'antécédent (être animé ou chose). Il implique un rapport d'appartenance.
« Conscience is a mother-in-law whose visit never ends. » (H. L. Mencken) « La conscience est une belle-mère dont la visite ne se termine jamais. »

2) Le faux « dont » = « duquel » (etc.) tout court. Ne pas confondre « dont » complément de nom (= *whose*) et « dont » complément d'un verbe ou d'un adjectif se construisant avec la préposition « de ».

Do you know the teacher everybody laughs at ?
Connais-tu le prof dont (= duquel) tout le monde se moque ?

- **L'emploi de *where, when, why* et des combinés en *-ever*, comme relatifs**

This is the room where I sleep.
Voici la chambre où je dors.
The reason (why) he came is not very clear.
La raison pour laquelle il est venu n'est pas très claire.
You can phone whoever you like.
Tu peux téléphoner à (vraiment) qui tu veux.

➔ « Où » se traduit par... *when* quand l'antécédent désigne une période !

« *There comes a time in the affairs of man when he must take the bull by the tail and face the situation.* » (W. C. Fields) « Vient un moment dans les affaires d'un homme où il doit prendre le taureau par la queue et affronter la situation. »

LES ARTICLES : LES « PINCES À NOMS »

L'article indéfini : quand on ne sait pas de qui (de quoi) on parle

- **Un, une**

A devant un « son consonne »
An devant un « son voyelle »
   A dog, a one-way street, an ox, an hour
   Un chien, une rue à sens unique, un bœuf, une heure

N.B. *Another* (un[e] autre) s'écrit en un seul mot.

- **Des** *dogs, hours, etc.* : des chiens, des heures, etc.

• Spécialités anglaises
1) Avec les noms attributs :
He's a doctor.
Il est médecin. = C'est un médecin.

2) Dans certaines expressions :
three times a month (= per month) :
trois fois par mois
ten euros an hour (= per hour) :
dix euros l'heure
He has a sense of humour.
Il a le sens de l'humour.
I have a headache.
J'ai mal à la tête.

3) Devant une apposition (= juxtaposition) :
Mr Smith, a doctor, was on the premises.
M. Smith, médecin, était sur les lieux.

4) Après la préposition *without* :
The silly girl went out without an umbrella.
La sotte sortit sans parapluie.

5) Après *what* avec dénombrables :
What a nice foot ! Quel joli pied !

What a pity! Quel dommage !
What good news! (indénombrable)
Quelle bonne nouvelle !

→ Attention :
One day : un (beau) jour. (Et non : *a day*)

L'article défini : quand on sait de qui (de quoi) on parle

• Le, la les
the (prononcé [_i:] devant un « son voyelle »)
the leg : la jambe
the arm : le bras

• Grande spécialité anglaise
Elle consiste à escamoter l'article défini dans certains cas. (Les grammairiens parlent d'« article zéro ».)

1) Pour les généralités :
love : l'amour
space : l'espace
people : les gens
French is a difficult language.
Le français est une langue difficile.

2) Dans de nombreuses expressions
to go to school : aller à l'école
to have breakfast, lunch, dinner : prendre le petit déjeuner, déjeuner, dîner
to play tennis : jouer au tennis
to watch television : regarder la télévision

3) Voir également Noms propres.

N.B. Dans le cas d'éléments uniques, l'article défini est conservé : *the sun* (le soleil), *the earth* (la terre), *the sky* (le ciel), *the sea* (la mer)...

D'autre part, certains dénombrables utilisés de façon générale conservent malgré tout l'article défini dans quelques expressions :
to go to the cinema : aller au cinéma
to listen to the radio : écouter la radio
to play the piano : jouer du piano

L'article partitif (= « qui partage »)

Du, de la, des (= un peu de, quelques) :
some et *any* (+ singulier ou pluriel).
ne ... pas de : *no* = *not any*.

Some s'utilise normalement dans les phrases affirmatives, *any* dans les phrases interrogatives et négatives.

I'd like some information.
Je souhaiterais des renseignements.
Have you got any milk left ?
Te reste-t-il du lait ?
I haven't got any money. = I've got no money.
Je n'ai pas d'argent.

• **Chassés-croisés**

1) *Some* peut être être utilisé dans une phrase interrogative, quand on escompte, par politesse, une réponse affirmative.

Would you like some wine ?

Aimeriez-vous un peu de vin ?

2) *Any,* employé dans une phrase affirmative, signifie « n'importe quel » (etc.).

« Any fool can paint a picture, but it takes a wise man to be able to sell it. » (Samuel Butler) « N'importe quel crétin peut peindre un tableau, mais seul un homme avisé saura le vendre. »

Les cocktails de *some, any* et *no*

Ils suivent les mêmes règles que *some, any* et *no*

Something et *anything* : quelque chose

nothing : rien

somebody = *someone* et *anybody* = *anyone* :

quelqu'un
nobody = no one : personne
somewhere et anywhere : quelque part
nowhere : nulle part
I can't see anything. = I can see nothing.
Je ne vois rien.

LES DÉMONSTRATIFS : LES « POTEAUX INDICATEURS »

• **Adjectifs**
   this : ce, cet, cette...-ci
   these : ces...-ci
   that : ce, cet, cette...-là
   those : ces...-là

• **Pronoms**
   this : ceci
   these : ceux-ci, celles-ci
   that : cela
   those : ceux-là, celles-là
   this one : celui-ci
   that one : celui-là

this / these : pour ce qui est proche dans l'espace et le temps

that / those : pour ce qui est éloigné dans l'espace et le temps

Give me this book.
Donne-moi ce livre.
Look at that house over there.
Regarde cette maison là-bas.
these days : ces temps-ci
in those days = at that time : à cette époque-là

Il y a *that* et *that* - *This* et surtout *that* peuvent également être... adverbes. Dans ce cas ils équivalent à *so*.
It's not that difficult. = It's not so difficult.
Ce n'est pas si difficile que ça.

• « Celui qui », etc.

the one (+ relative) : celui, celle (qui, que)
those (+ relative) : ceux, celles (qui, que)
« *Those who are easily shocked should be shocked more often.* » (Mae West) « Il faudrait choquer plus souvent ceux qui sont facilement choqués. »

• « Celui de » (etc.)

That of (+ chose) (etc.)

The price of a Rolls-Royce is higher than that of a Ford.
Le prix d'une Rolls-Royce est plus élevé que celui d'une Ford.

Mais quand « celui de » ou « celle de » est suivi d'un nom d'être animé, on se sert du cas possessif :

My car is in the garage. Where's John's ?
Ma voiture est dans le garage. Où est celle de John ?

LES POSSESSIFS

Adjectifs possessifs

my : mon, ma, mes
your : ton, ta, tes
his : son, sa, ses
her : son, sa, ses
its : son, sa, ses
our : notre, nos
your : votre, vos
their : leur

• **La troisième personne et ses trois possessifs :**

On utilise *his* quand le possesseur est masculin, *her* quand il est féminin, *its* quand il s'agit d'une chose ou d'un animal.

• *One's* : l'adjectif possessif indéfini

One's (« son », « sa », « ses ») s'utilise dans les expressions à l'infinitif et dans les phrases avec l'indéfini *one* (« on »).

my book : mon livre.

his bicycle : sa bicyclette (le possesseur est de sexe masculin)

our house : notre maison, etc.

to change one's mind : changer d'avis.

Adjectif possessif interrogatif : *whose ?*

Whose car is this ?

À qui est cette voiture ?

• Spécialités anglaises

1) L'anglais se sert amoureusement de l'adjectif possessif pour les parties du corps dans les expressions toutes faites :

« *Close your eyes and think of England.* » (Timothy Findley)
« Ferme les yeux et pense à l'Angleterre. »

2) → Avec *somebody, anybody, nobody, everybody*, on emploie dans la langue courante *their* au lieu de *his* et *her*.

« *If everybody minded their own business, the Duchess said in a hoarse growl, the world would go round a great deal faster than it does.* » (Lewis Carroll) « Si tout le monde s'occupait de ses affaires, grogna la duchesse d'une voix rauque, le monde tournerait beaucoup plus vite. »

Pronoms possessifs

mine : le mien, la mienne, les miens, les miennes
yours : le tien, la tienne, les tiens, les tiennes
his : le sien, la sienne, les siens, les siennes
ours : le nôtre, la nôtre, les nôtres
yours : le vôtre, la vôtre, les vôtres
theirs : le leur, la leur, les leurs

His s'utilise quand le possesseur est masculin, *hers* quand il est féminin.

Pronom possessif interrogatif : *whose ?*
Whose is it ? À qui est-ce ?
This is mine. C'est à moi.

« *A recession is when your neighbour loses his job. A depression is when you lose yours.* » (Harry S. Truman) « Une récession, c'est quand votre voisin perd son emploi. Une dépression, c'est quand vous perdez le vôtre. »

• Spécialité anglaise

He's a friend of mine. C'est l'un de mes amis.

LE CAS POSSESSIF

Il exprime un « rapport d'appartenance ».
Construction générale : les deux noms sont inversés (comparativement au français) et reliés par *'s* quand le premier nom ne se termine pas par *s*.

John's book : le livre de John.
the children's bed : le lit des enfants. (*The* porte ici sur le nom de complément, *children*.)
the boys' car : la voiture des garçons. (Noter l'apostrophe placée après le *s* du pluriel.)
St-James's Park. (Le premier nom est un nom propre se terminant déjà par *s* : apostrophe + second *s*. Prononciation de ces deux *s* : [ziz])

Le cas possessif est utilisé pour les êtres vivants, mais aussi pour les institutions, pays et villes.

Italy's economy : l'économie de l'Italie
the company's policy : la politique de l'entreprise

• Quelques petites exceptions

1) Le cas possessif s'utilise également pour les dates et les durées :

today's meeting : la réunion d'aujourd'hui
a ten minutes' walk : une balade de dix minutes

2) Dans quelques expressions toutes faites :
the water's edge : le bord de l'eau
art for art's sake : l'art pour l'art

• Spécialités
1) Le cas possessif sert également à traduire « chez » :
I'm going to the baker's.
Je vais chez le boulanger.
He's staying at John's.
Il séjourne chez John.
Le second élément (*shop* et *place* respectivement) est sous-entendu.
2) *a friend of Peter's* : un des amis de Pierre
(= « un ami parmi ceux de Pierre »).

→ Le cas possessif : ne pas en abuser !
Pour exprimer un rapport d'appartenance entre choses (!), on se sert d'une construction à la française : *the... of...* : le, la, les... de...
the leg of the table : le pied de la table

LES MOTS INTERROGATIFS

what ? : quoi ? que ? quel ? (etc.)
which ? : quel ?
which one ? : lequel ?
who ? : qui ? (sujet)
whom ? : qui ? (complément)
whose ? : de qui ?
why ? : pourquoi ?
when ? : quand ?
where ? : où ?
how ? : comment ?
How is he ?
Comment va-t-il ?
What is he like ?
Comment est-il ?
What do you call this ?
Comment appelez-vous ceci ?

LES « QUANTIFICATEURS »

- **Beaucoup de...** : *many* (+ pluriel), *much* (+ singulier), *a lot of, lots of, plenty of* (+ singulier ou pluriel)
Comment s'y retrouver ?

→ Grand Classique

Le non-respect de la distinction de base entre *many* (+ pluriel) et *much* (+ singulier) est une horrible faute !

Mais raffinons un brin. Par-dessus le marché, *many* et surtout *much* s'utilisent principalement dans les phrases négatives et interrogatives. Les quantificateurs passe-partout sont donc *a lot of, lots of,* moins couramment *plenty of,* qui s'utilisent indifféremment avec singulier et pluriel.

There were a lot of (= lots of) people.

Il y avait beaucoup de gens.

I haven't got much money.

Je n'ai pas beaucoup d'argent.

We have plenty of time.

Nous avons largement le temps.

N.B. Avec *a lot of* et *lots of,* l'accord se fait avec le nom qui suit.

There's lots of money in it.

Il y a beaucoup d'argent à la clef.

- **Combien ? :** *how much ?* (+ singulier) ou *how many ?* (+ pluriel)

How much money do you need ?

Combien d'argent te faut-il ?

How many books have you got ?
Combien de livres as-tu ?

- **Trop de...** : *too much* (+ singulier), *too many* (+ pluriel)
    There's too much water.
    Il y a trop d'eau.
    « *One martini is all right. Two are too many, and three are not enough.* » (James Thurber) « Un martini, ça va. Deux, c'est trop, et trois, ce n'est pas assez. »

- **Plusieurs :** *several*
    There were several people last night.
    Il y avait plusieurs personnes hier soir.

- **Quelques :** *a few*
    Peu de... (+ pluriel) : *few* (sans l'article *a* !)
    A few people.
    Quelques personnes.

- **Peu de...** (+ singulier) : *little*
    Un peu de... : *a little*
    I have a little money left.
    Il me reste un peu d'argent.
    We have very little luggage. (*Luggage* est singulier.)

Nous avons très peu de bagages.

- **La plupart de, la plus grande partie de :** *most* (+ nom singulier ou pluriel général)

« Most people want security in this world, not liberty. » (H.L. Mencken) « La plupart des gens veulent la sécurité ici-bas, pas la liberté. »

most music : la plus grande partie de la musique

Dès que l'on particularise, on utilise *most of* + babla explicatif.

Most of the people I know.

La plupart des gens que je connais.

most of my friends : la plupart de mes amis

Expression toute faite :

« Most of the time I don't have much fun. The rest of the time, I don't have any fun at all. » (Woody Allen) « La plupart du temps, je ne m'amuse pas beaucoup. Le reste du temps, je ne m'amuse pas du tout. »

- **Plus de, davantage de :** *more* (+ singulier et pluriel)
  Moins de... : *less* (+ singulier), *fewer* (+ pluriel)

  I need more time.

  Il me faut davantage de temps.

  There is less noise.

  Il y a moins de bruit.

- **Ne... plus :** *not... any more = no more ; not... any longer = no longer* (sens temporel exclusivement)
    I haven't got any more money.
    I've got no more money.
  Je n'ai plus d'argent.
  They don't live here any longer.
    They no longer live here.
  Ils ne vivent plus ici.

- **Tout :** *all* (+ singulier)
  Tous : *all* (+ pluriel)
  Tous les : *all (the)* (+ pluriel) = *every* (+ singulier)
    All my friends.
  Tous mes amis.
  All day. (Pas d'article.)
  Toute la journée.
  Every child knows that. = All children know that.
  Tous les enfants savent cela.

N.B. On utilise *all the* (+ pluriel) quand on particularise :
  All the children were there.
  Tous les enfants [de la famille, par exemple] étaient là.

→ **Attention !** à la place de *not* dans les phrases négatives :
> *Not every child knows that.*
> Tous les enfants ne savent pas cela.

→ **Spécialité franchouillarde**

« Tout le monde » se traduit simplement par les mots *everybody* ou *everyone,* non par *all people* ou *all the people.*

« *I am free of all prejudice. I hate everyone equally.* » (W. C. Fields) « Je suis libre de tout préjugé. Je déteste tout le monde pareillement. »

Construction particulière :
> *Every two days :* tous les deux jours

- **Chaque :** *each*
> *Each player has six cards.*
> Chaque joueur a six cartes.

Each est également pronom :
> *A bit of each :* un peu de chaque

- **Les deux = tous les deux = tous deux :** *both* = *the two*
> *Both brothers were there.* =
> *The two brothers were there.*
> Les deux frères étaient là.

Both est également pronom :
> *Both (of them) were there.*
> Tous deux étaient là.

Noter que *both* peut être aussi adverbe, avec le sens de « à la fois » :
> *He's both rich and intelligent.*
> Il est à la fois riche et intelligent.

- **L'un ou l'autre (des deux) :** *either*
  Aucun des deux : *neither*

À la fois adjectifs et pronoms
> *You can take either (road).*
> Vous pouvez prendre l'une ou l'autre (des deux routes).
>
> *Neither (scheme) is satisfactory.*
> Aucun des deux (projets) n'est satisfaisant.

Either et *neither* sont aussi adverbes :
> *Neither Paul nor Peter.*
> Ni Paul ni Pierre.

LES ADJECTIFS QUALIFICATIFS : LES « ÉTIQUETTES »

Deux règles simplissimes :

1) Les adjectifs sont toujours invariables, qu'ils soient épithètes ou attributs.

Important questions : des questions importantes
These questions are essential.
Ces questions sont essentielles.

2) Les adjectifs épithètes (= « qui tètent le nom » !) se placent (presque) toujours devant le nom. Mais il va sans dire que les adjectifs équipés d'un complément se placent après le nom.

a glass full of milk :
un verre plein de lait

Ils se placent aussi après un pronom (comme en français) :

something interesting :
quelque chose d'intéressant

S'il y a plusieurs adjectifs placés devant le nom, dans quel ordre les place-t-on ?
Quelques associations classiques :

a nice (jugement) *little* (âge) *girl :*

une gentille petite fille
a dirty (jugement) *old* (âge) *man* :
un vieux dégoûtant

Certains adjectifs ne peuvent être qu'attributs
(= « présentés par un verbe »). Notamment :
afraid (effrayé), *alone* (seul), *asleep* (endormi),
aware of (conscient de), *drunk* (soûl, ivre), *glad*
(content), *ill* (malade)...
He's drunk. - Il est soûl.
D'autres adjectifs seront donc utilisés comme
épithètes.
a frightened boy : un garçon apeuré
a drunken man : un homme ivre

L'ADJECTIF SUBSTANTIVÉ :
« ADJECTIF DÉGUISÉ EN NOM »

Substantivé ? Tout simplement : qui tient le rôle
d'un substantif (= nom).
Construction : *the* + adjectif
L'adjectif substantivé, en équilibre sur son *the*,
désigne l'ensemble d'une catégorie, mais ne prend
bien sûr jamais de *s* (puisque c'est un adjectif !).

En revanche, le verbe qui suit est au pluriel.
the rich : les riches
the young : les jeunes
the homeless : les sans-abri
the French : les Français

Comparer :
the young = *young people* : les jeunes
the Irish = *Irish people* : les Irlandais. Etc.

→ **Un « adjectif déguisé en nom » n'est pas un vrai nom !**
Ce n'est pas parce qu'un adjectif a droit à ce traitement de faveur qu'il faut carrément le prendre pour un nom... L'« adjectif substantivé » est un forfait, un menu unique.

the homeless : les sans-abri

Oui, mais *a homeless,* non !

Dans ce cas-là il faut utiliser un vrai nom, notamment *person.*

a homeless person : un SDF

LES ADJECTIFS COMPOSÉS : ADJECTIFS « SUR MESURE »

Trois principaux schémas de montage :

1) nom, ou adjectif, ou adverbe + nom (+ *-ed*).
2) nom ou adverbe + participe passé
3) nom, ou adjectif, ou adverbe + participe présent
La construction et le mode de décryptage sont semblables à ceux des noms composés : à la queue leu leu à l'envers.
1) *a blue-eyed woman :* une femme aux yeux bleus
2) *a home-made cake :* un gâteau maison
3) *a fast-running horse :* un cheval rapide

COMPARATIFS ET SUPERLATIFS

Comparatif de supériorité
Tous les adjectifs d'une syllabe et de deux syllabes terminés par *-y, -er, -le, -ow* sont dits « courts », les autres, de deux syllabes et plus, sont dits « longs ».

1) « Adjectifs courts » : on ajoute *-er* à la fin de l'adjectif. Avec quelques fantaisies orthographiques à la clef.

younger than... : plus jeune que...
narrower than... : plus étroit que...
bigger than... : plus gros que... (Redoublement du *g* de *big*.)

luckier than... : plus chanceux que...
(Transformation du *y* en *i*.)
2) « Adjectifs longs » : *more* + adjectif
more spectacular than... : plus spectaculaire que...

N.B. « De plus en plus » et « de moins en moins »
smaller and smaller : de plus en plus petit
more and more difficult : de plus en plus difficile
less and less convincing : de moins en moins convaincant

Avec un verbe :
more (and more) : (de) plus (en plus)
less (and less) : (de) moins (en moins)

Comparatif d'infériorité
less + adj. court ou long
less rich than... : moins riche que...
less comfortable than... : moins confortable que...

Comparatif d'égalité
as + adj. court ou long
as good as... : aussi bon que...
« *His voice was as intimate as the rustle of sheets.* »
(Dorothy Parker) « Sa voix était aussi intime que le froissement de draps. »

N.B. Le « que » du comparatif se traduit donc par *than* dans le cas des comparatifs de supériorité et d'infériorité, par *as* dans celui du comparatif d'égalité.

Pareillement, bien dire :

the same as (pas *than*)... : la même chose que...

Superlatif de supériorité

Même distinction entre adjectifs « courts » et « longs »

the + adj. court + *-est*

the shortest route : l'itinéraire le plus court

the luckiest boy : le garçon le plus chanceux

the most + adj. long

Superlatif d'infériorité

Pas de distinction entre adjectifs « courts » et « longs ».

the least + adjectif

the least expensive solution : la solution la moins onéreuse

À vrai dire, le superlatif d'infériorité s'utilise principalement pour les adjectifs « longs ».

→ **Le « superlatif relatif » dans le cas de deux éléments.**
On doit utiliser la construction « *the* + comparatif » quand on compare seulement deux éléments.

the younger brother : le frère cadet
(quand il y a seulement deux frères)

Comparatifs et superlatifs irréguliers

good (bon), *well* (bien) > *better* (meilleur, mieux) > *the best* (le meilleur, le mieux)
bad (mauvais) > *worse* (pire, pis) > *the worst* (le pire, le pis)
far (loin) > *farther, further* (plus loin) > *the farthest, the furthest* (le plus loin)
old (vieux) > *older* (plus vieux), *elder* (aîné) > *the oldest* (le plus vieux), *the eldest* (l'aîné)

N.B.

1) *elder* (adj. et n.) : aîné (seulement quand il y a deux enfants) ; *eldest* (adj. et n.) : aîné (quand il y a plus de deux enfants)

He's my elder brother.
C'est mon frère aîné. (Il y a deux frères.)
He's the eldest.
C'est l'aîné. (Il y a plus de deux enfants.)

2) *farther* et *the farthest* ne s'utilisent qu'au sens propre. *The farthest house* : la maison la plus éloignée
En revanche, *further* et *the furthest* s'utilisent au sens propre et au sens figuré.

to go further : aller plus loin (fig.), approfondir
further information : des renseignements supplémentaires

• **« Beaucoup » devant un comparatif** peut se traduire par *much* ou *far*.
It's much better. = It's far better.
C'est beaucoup mieux.

Deux traductions particulières
so much the better : tant mieux
so much the worse : tant pis

• **Comparatifs et superlatifs des adverbes**
Même règles que pour les adjectifs « courts » et « longs ».
faster : plus rapidement
more naturally : plus naturellement
the most naturally : le plus naturellement
as naturally as : aussi naturellement que
« *I'm not against half-naked girls…, well, not as often as I'd like to be.* » (Benny Hill) « Je ne suis pas contre les filles à demi nues…, enfin, pas aussi souvent que je le souhaiterais. »

- **Construction de « plus..., plus... » et de « moins..., moins... »**

1) Avec un adjectif : *the* + comparatif..., *the* + comparatif....

The less difficult it is, the less interesting it is.
Moins c'est difficile, moins c'est intéressant.
The more, the merrier.
Plus on est de fous, plus on rit.

2) Avec un nom : *the more* + nom..., *the more* + nom...
the less + nom..., *the less* + nom...

« *The less one has to do, the less time one finds to do it in.* » (Lord Chesterfield) « Moins on a de choses à faire, moins on trouve de temps pour les faire. »

3) Avec un verbe : *the more* + verbe..., *the more* + verbe...

the less + verbe..., *the less* + verbe...
The more you work, the more you want to work.
Plus on travaille, plus on a envie de travailler.

LES ADJECTIFS NUMÉRAUX

Cardinaux et ordinaux
En anglais, on obtient généralement l'ordinal en ajoutant *th* au cardinal.

four : quatre => *the fourth* : le quatrième
Sauf pour les trois premiers chiffres

Cardinaux	Ordinaux
one : un	*the first* : le premier
two : deux	*the second* : le deuxième
three : trois	*the third* : le troisième

• Des virgules et des points

En arithmétique anglo-saxonne, on utilise une virgule pour les milliers :
3,956 (en anglais) : 3 956 (en français)
Quant à la virgule des décimales en français, c'est un point en anglais :
10.3 (en anglais) : 10,3 (en français)

• *Hundred, thousand, million* et leurs petites particularités

a hundred ou one hundred : cent, une centaine
(Quand *a hundred* est suivi de quelque chose, on utilise *and*.)

a hundred and ten : cent dix
a thousand ou one thousand : mille, un millier
a million ou one million : un million
Hundreds (thousands, millions) of people :
des centaines (milliers, millions) de gens

→ Mais si *hundred, thousand* ou *million* sont précédés d'un chiffre ou d'un nombre, de *a few* ou *several*, ils ne prennent pas de *s* et s'utilisent sans *of* :
   five hundred people : cinq cents personnes
   eight million people : huit millions de gens
   a few hundred people : quelques centaines de gens
   several million people : plusieurs millions de gens

• **Souverains, papes, etc., numérotés**
On utilise l'ordinal à l'oral, pas le cardinal (même pour les papes !).
   Henry VIII (écrit) = *Henry the Eighth* (oral)
   John Paul II (écrit) = *John Paul the Second* (oral)

• **Années en morceaux**
Les années se disent le plus couramment en deux parties :
   1893 : *eighteen ninety-three*

• **Hiérarchie entre cardinaux et ordinaux**
Lorsque cardinal et ordinal sont épithètes d'un nom, l'ordinal passe en premier an anglais.
   the first two weeks : les deux premières semaines

LES ADVERBES

• Adverbe = « variateur » invariable

Il modifie un nom, un adjectif, un autre adverbe, un verbe, une phrase entière.

Place des adverbes

• **La règle d'or :** ne jamais séparer le verbe du complément d'objet par un adverbe !
I like American films very much. (Et non : *I like very much American films.*) J'aime beaucoup les films américains.

• **Alors, où placer l'adverbe ?**
1) Avant le verbe, si celui-ci est en un seul morceau.
   She often goes clubbing.
   Elle sort souvent en boîte.
Mais après *to be* au présent et au prétérit :
   I'm always right. - J'ai toujours raison.
2) Après le premier auxiliaire, quand le verbe est en pièces détachées.
   I would never have slapped her face !
   Je ne l'aurais jamais giflée !
3) Après le sujet à la forme interrogative.

Do you often eat haggis ?
Manges-tu souvent du haggis ?
4) Généralement après une négation.
I don't often eat haggis.
Je ne mange pas souvent de haggis.

De quelques adverbes casse-pieds

Enough : assez (= suffisamment)
➔ *Enough* se place toujours après l'adjectif :
« *I am not young enough to know everything.* » (J.M. Barrie)
« Je ne suis pas assez jeune pour tout savoir. »
Mais *enough* signifiant « assez de... » se place, comme en français, devant le nom.

I haven't got enough money.
Je n'ai pas assez d'argent.

Ever : jamais (dans les questions ou avec un superlatif)
➔ **« Jamais », mais pas « ne... jamais », nuance !**
C'est-à-dire que *ever* a le sens positif de « à un moment quelconque ». *Ever* correspond donc dans les questions à « déjà ».

Have you ever been to England ?
Es-tu déjà (= jamais) allé en Angleterre ?

Ever s'utilise aussi avec un superlatif :
> *It's the best wine I have ever drunk.*
> C'est le meilleur vin que j'aie jamais bu.

Quite : tout à fait
> *I quite agree with you.*
> Je suis tout à fait d'accord avec toi.

➔ **Attention au cocktail avec adjectif et nom :**
> *He's quite a young man.* [Et non : ... *a quite*...]
> C'est un tout jeune homme.

So (+ adjectif) : si ; aussi
so... (that)... : si... que...
such (+ article, adjectif et nom) : si, tellement
> *It's so good !* C'est si bon !

➔ **Bien noter les constructions suivantes, différentes du français :**
> *He's not so nice a man as Peter.*
> Ce n'est pas un homme aussi sympathique que Peter.
> *She's such a nice girl.*
> C'est une fille si gentille.

Though (en fin de phrase) : cependant, pourtant
Attention ! Il y a *though* et *though*.

Lorsque *though* est placé en fin de phrase, le mot n'est plus la conjonction « bien que », mais un adverbe.

He was there, though. = *Yet, he was there.*
Pourtant, il était là.

Too : trop
→ **Attention au cocktail avec adjectif et nom :**
It's too small a house. [Et non : *... a too small...*]
C'est une maison trop petite.

LES PRÉPOSITIONS

Prépositions : accessoires placés devant un complément (« pré... »).

L'anglais fait une distinction entre prépositions de lieu « statiques » et « dynamiques ». On utilise les « statiques » pour une localisation, tandis que les « dynamiques » indiquent un déplacement.

Les prépositions de lieu « sans problème »
- *Against :* contre
- *Along :* le long de
- *Among :* parmi

- *Around = round* : autour de
- *Behind* : derrière
- *Beside = next to = by* : à côté de
- *Between* : entre
- *Down* : en bas de ; du haut en bas de
  down the street : au bout (en bas) de la rue
- *Inside* : à l'intérieur de
- *Near = close to* : près de
  near the station : près de la gare
- *Off* : à l'écart de ; non loin de ; au large de
  It's off Lincoln Street. - Ça donne dans *Lincoln Street.*
- *Opposite* : en face de
- *Up* : en haut de ; du bas en haut de
  up the street : au bout (en haut) de la rue

Les dynamiques pur jus

- *From* : de, en provenance de

« *Insanity is hereditary – you get it from your children.* » (Sam Levenson) « La folie est héréditaire ; on la tient de ses enfants. »

- *Into* (voir Rivalités...)
- *Out of* : hors de
- *To* (voir Rivalités...)
- *Towards* : vers

Les couples
- *Above* (au-dessus de) et
  over (par-dessus ; au-dessus de)
- *Across* (en travers de) et
  through (à travers, au travers de)
  across the road : en travers de la route
  through the hedge : à travers la haie

N.B. Avec *across*, on franchit une surface, avec *through*, on traverse une épaisseur.

- *Under* (sous) et
  below (au-dessous de, en dessous de)

Rivalités « statiques » / « dynamiques »
- *At* (statique) et *to* (dynamique) : à
  I am at school. - Je suis à l'école.
  I'm going to school. - Je vais à l'école.

N.B. *At* s'utilise en « dynamique » avec une nuance d'agressivité.

  He threw a stone at me. - Il me lança une pierre.
- *In* (statique) et *into* (dynamique) : dans
  He's in the house. - Il est dans la maison.
  Let's go into the house. - Entrons dans la maison.
- *In front of* (statique) et *past* (dynamique) : devant

They are standing in front of the house. - Ils sont devant la maison.
I walked past the shop. - Je suis passé devant la boutique.
- *On* et *onto* (dynamique) : sur

Pseudo-rivalité. Rien à voir avec *in/into*. *On* s'utilise en fait dans tous les cas, en statique et en dynamique. *Onto,* la dynamique, s'emploie assez rarement et sans véritable obligation.

Les prépositions de temps
- *As of = as from* : à partir de
  as of Monday : à partir de lundi
- *At* : à
  at eight (o'clock) : à huit heures
  at Christmas : à Noël
  at night : la nuit
  at weekends : au week-end
- *After* : après
- *Before* : avant
- *By* : d'ici à, pour
  I can't do that by tomorrow.
  Je ne peux pas faire cela d'ici à demain.
- *From... to...* : de... à...

from 9 to 11 : de 9 h à 11h
- *In* : dans, en
  in the morning : le matin = dans la matinée
  in the afternoon : l'après-midi = dans l'après-midi
  in the evening : dans la soirée
  in January (etc.) : en janvier (etc.)
  in winter (etc.) : en hiver
  in the XXI^s century : au XXIe siècle
- *On* (en mission spéciale temporelle) :
  He was born on May 11th, 1990.
  Il est né le onze mai 1990.
  He is to arrive on Monday (= Monday [usage américain]). - Il doit arriver lundi.

Bien connaître la distinction classique :
  on Monday : lundi
  on Mondays : le lundi
- *Until = till* : jusqu'à
  until (= till) Sunday : jusqu'à dimanche

Spécialité anglaise :
  not until : pas avant
  We won't start until next week.
  Nous ne débuterons pas avant la semaine prochaine.
- *Since, for, during* (voir *Prétérit* et *Present Perfect*)

Les prépositions de cause
- *Because of* = *on account of* = *owing to* = *due to* : à cause de, en raison de
- *Given* : vu, étant donné

Given the present situation, I will have difficulty convincing him. - Vu la situation présente, j'aurai du mal à le convaincre.

- *Out of* : par, du fait de
  out of jealousy : par jalousie
- *Thanks to* : grâce à
- *Through* : par le biais de, par l'entremise de

Deux prépositions de concession
- *Despite* = *in spite of* : malgré, en dépit de
  in spite of (= despite) the bad weather :
  en dépit du (= malgré le) mauvais temps
→ *Despite* se construit sans *of...*

Les prépositions exprimant le moyen
- *By* : par
  by means of : au moyen de
- *Instead of* : au lieu de ; à la place de
- *With* : avec
- *Without* : sans

Le couple pervers *as* et *like*

Ces deux prépositions signifiant toutes deux « comme » sont joyeusement confondues. La vraie préposition établissant une comparaison, c'est *like*, qui signifie plus précisément : « pareil à ; de la même manière que ». Quant à *as*, le sens est celui de : « en tant que ».

He's like his father. Il est comme son père.
countries like (= such as) Spain or Italy... : des pays comme (= tels que) l'Espagne ou l'Italie...

« *I speak Esperanto like a native.* » (Spike Milligan) « Je parle l'espéranto comme un autochtone. »

I will act as an interpreter.
Je servirai d'interprète.
to consider as... : considérer comme...

Quelques prépositions dépareillées

- *About* : au sujet de, à propos de
- *Except = but* : sauf
  nothing but... : rien que...
- *For* : pour

À chacun sa préposition

Les prépositions peuvent aussi être différentes

en anglais et en français après un adjectif ou un nom (comme après les verbes transitifs indirects).

Miniliste de Grands Classiques

good at... : bon en...
bad at... : mauvais en...
hopeless at... : nul en...
responsible for... : responsable de...
interested in... : intéressé par...
nice to... : gentil avec...
married to... : marié avec...
pleased with... : content de...
happy with... : heureux de...
surprised at... : surpris de...
the reason for something : la raison de quelque chose

VERBES & Cie

•

LES CONJUGAISONS

Conjugaison du verbe *to be* (être)
Présent
Forme affirmative :
*I am / You are / He (she, it) is /
We are / You are / They are*
Forme négative :
*I am not / You are not / He (she, it) is not /
We are not / You are not / They are not*
Forme interrogative :
*Am I ? / Are you ? / Is he (she, it) ? /
Are we ? / Are you ? / Are they ?*
Contractions :
*I'm = I am / We (you, they)'re = We (you, they) are /
We (you, they) aren't = we (you, they) are not*

Prétérit
Forme affirmative :
*I was / You were / He (she, it) was /
We (you, they) were*
Forme négative :
I was not / You were not / He (she, it) was not /

We (you, they) were not

Forme interrogative :
Was I ? / Were you ? / Was he (she, it) ? /
Were we (you, they) ?

Contractions :
I (he, she, it) wasn't = I (he, she, it) was not /
We (you, they) weren't = We (you, they) were not

N.B. Pour les autres temps, *to be* utilise les conjugaisons normales du premier verbe venu.

Conjugaison du verbe *to have* (avoir)
Présent
Forme affirmative :
I (you) have / He (she, it) has / We (you, they) have

Forme négative :
I (you) have not / He (she, it) has not /
we (you, they) have not

Forme interrogative :
Have I (you) ? / Has he (she, it) ? /
Have we (you, they) ?

Contractions :
I (you)'ve = I (you) have /
I (we, you, they) haven't = I (we, you, they) have not /
He (she, it) hasn't = he (she, it) has not

Prétérit

Forme affirmative :

I (you, he, she, it, we, you, they) had

Forme négative :

I (you, he, she, it, we, you, they) had not

Forme interrogative :

Had I (you, he, she, it, we, you, they) ?

Contractions :

Hadn't = had not

N.B. Le verbe *to have* se conjugue aussi comme un verbe « normal » au présent et au prétérit (avec l'auxiliaire *to do*). Pour les autres temps, il utilise les conjugaisons du premier verbe venu.

Conjugaison du verbe *to work* (travailler)
Présent simple

Forme affirmative :

I work / You work / He (she, it) works /
We work / You work / They work

Forme négative :

I do not work / You do not work /
He (she, it) does not work / We do not work /
You do not work / They do not work

Forme interrogative :

*Do I work ? / Do you work ? / Does he (she, it) work ? /
Do we work ? / Do you work ? / Do they work ?*

Contractions :

*I don't work = I do not work /
He doesn't work = He does not work*

Présent progressif

Forme affirmative :

*I am working / You are working /
He (she, it) is working / We are working /
You are working / They are working*

Forme négative :

*I am not working / You are not working /
He (she, it) is not working / We are not working /
You are not working / They are not working*

Forme interrogative :

*Am I working ? / Are you working ? Is he (she, it)
working ? / Are we working ? / Are you working ? /
Are they working ?*

Contractions :

*I'm working = I am working / You're working =
You are working / We aren't working = We are not
working / He's working = He is working / It isn't
working = It is not working*

Prétérit

Forme affirmative :
I (you, he, she, it, we, you, they) worked

Forme négative :
I (you, he, she, it, we, you, they) did not work

Forme interrogative :
Did I (you, he, she, it, we, you, they) work ?

Contractions :
He didn't work = He did not work

Prétérit progressif

Forme affirmative :
I was working / You were working /
He (she, it) was working / We were working /
You were working / They were working

Forme négative :
I was not working / You were not working /
He (she, it) was not working / We were not working /
You were not working / They were not working

Forme interrogative :
Was I working ? / Were you working ? /
Was he (she, it) working ? / Were we working ?
Were you working ? Were they working ?

Contractions :
It wasn't working = It was not working /

They weren't working = They were not working

Present perfect
Forme affirmative :
*I have worked / You have worked /
He (she, it) has worked / We have worked /
You have worked / They have worked*
Forme négative :
*I have not worked / You have not worked /
He (she, it) has not worked / We have not worked /
You have not worked / They have not worked*
Forme interrogative :
*Have I worked ? / Have you worked ? /
Has he (she, it) worked ? / Have we worked ? /
Have you worked ? / Have they worked ?*
Contractions :
*I've worked = I have worked / You haven't worked
= You have not worked / He's worked = He has
worked / She hasn't worked = She has not worked*

Present perfect progressif
Forme affirmative :
*I have been working / You have been working /
He (she, it) has been working / We have been working /
You have been working / They have been working*

Forme négative :
>   *I have not been working / You have not been working / He (she, it) has not been working / We have not been working / You have not been working / They have not been working*

Forme interrogative :
>   *Have I been working ? / Have you been working ? / Has he (she, it) been working ? Have we been working ? Have you been working ? / Have they been working ?*

Contractions :
>   *I've been working = I have been working / He's been working = He has been working / I haven't been working = I have not been working / It hasn't been working = It has not been working*

Pluperfect

Forme affirmative :
>   *I (you, he, she, it, we, you, they) had worked*

Forme négative :
>   *I (you, he, she, it, we, you, they) had not worked*

Forme interrogative :
>   *Had (I, you, he, she, it, we, you, they) worked ?*

Contractions :
>   *I'd worked = I had worked / He hadn't worked =*

He had not worked

Pluperfect progressif
Forme affirmative :
I (you, he, she, it, we, you, they) had been working
Forme négative :
I (you, he, she, it, we, you, they) had not been working
Forme interrogative :
Had I (you, he, she, it, we, you, they) been working ?
Contractions :
les mêmes que pour le pluperfect

Futur
Forme affirmative :
I will (ou *shall*) *work / You will work /*
He (she, it) will work / We will (ou *shall*) *work /*
You will work / They will work
Forme négative :
I will (ou *shall*) *not work / You will not work /*
(He, she, it) will not work / We will (ou *shall*) *not*
work / You will not work / They will not work
Forme interrogative :
Shall (ou *Will*) *I work ? / Will you work ? /*
Will (he, she, it) work ? / Shall (ou *Will*) *we work ? /*
Will they work ?

Contractions :
We'll work = We will work / He won't work =
He will not work / I shan't work = I shall not work

Futur progressif
Forme affirmative :
I will (ou shall) be working / You will be working / He (she, it) will be working / We will (ou shall) be working / You will be working / They will be working

Forme négative :
I will (ou shall) not be working / You will not be working / He (she, it) will not be working / We will (ou shall) not be working / You will not be working / They will not be working

Forme interrogative :
Shall (ou Will) I be working ? Will you be working ? / Will he (she, it) be working ? / Shall (ou Will) we be working ? / Will you be working ? / Will they be working ?

Contractions :
les mêmes que pour le futur simple

Futur antérieur
Forme affirmative :
I will (ou shall) have worked / You will have

worked / He (she, it) will have worked / We will (ou shall) have worked / You will have worked / They will have worked

Forme négative :

I will (ou shall) not have worked / You will not have worked / He (she, it) will not have worked / We will (ou shall) not have worked / You will not have worked / They will not have worked

Forme interrogative :

Shall (ou Will) I have worked ? / Will you have worked ? / Will (he, she, it) have worked ? / Shall (ou Will) we have worked ? / Will you have worked ? / Will they have worked ?

Contractions :

les mêmes que pour le futur simple.

Futur antérieur progressif

Forme affirmative :

I will (ou shall) have been working / You will have been working / He (she, it) will have been working / We will (ou shall) have been working / You will have been working / They will have been working

Forme négative :

I will (ou shall) not have been working / You will not have been working / He (she, it) will not have

been working / We will (ou *shall*) *not have been working / They will not have been working*
Forme interrogative :
Will (ou *Shall*) *I have been working ? / Will you have been working ? Will he (she, it) have been working ? Shall* (ou *Will*) *we have been working ? / Will you have been working ? / Will they have been working ?*
Contractions :
les mêmes que pour le futur simple

Conditionnel

Forme affirmative :
I (you, he, she, it, we, you, they) would work
Forme négative :
I (you, he, she, it, we, you, they) would not work
Forme interrogative :
Would I (you, he, she, it, we, you, they) work ?
Contractions :
I'd work = I would work / He wouldn't work = He would not work

Conditionnel progressif

Forme affirmative :
I (you, he, she, it, we, you, they) would be working

Forme négative :

I (you, he, she, it, we, you, they) would not be working

Forme interrogative :

Would I (you, he, she, it, we, you, they) be working ?

Contractions :

les mêmes que pour le conditionnel

Conditionnel passé

Forme affirmative :

I (you, he, she, it, we, you, they) would have worked

Forme négative :

I (you, he, she, it, we, you, they) would not have worked

Forme interrogative :

Would I (you, he, she, it, we, you, they) have worked ?

Contractions :

les mêmes que pour le conditionnel

Conditionnel passé progressif

Forme affirmative :

I (you, he, she, it, we, you, they) would have been working

Forme négative :

I (you, he, she, it, we, you, they) would not have been working

Forme interrogative :
> *Would I (you, he, she, it, we, you, they) have been working ?*

Contractions :
> les mêmes que pour le conditionnel

Liste des verbes irréguliers
N.B. Certains verbes s'offrent à la fois des formes régulières et irrégulières. Au choix du locuteur.

1) Liste du premier cercle
Infinitif / Prétérit / Participe passé
to be / I was / been : être
to beat / I beat / beaten : battre
to become / I became / become : devenir
to begin / I began / begun : commencer
to bite / I bit / bitten : mordre
to bleed / I bled / bled : saigner
to blow / I blew / blown : souffler
to break / I broke / broken : casser
to bring / I brought / brought : apporter
to build / I built / built : construire
to burn / I burned ou *burnt / burned* ou *burnt* : brûler
to burst / I burst / burst : éclater
to buy / I bought / bought : acheter

to catch / I caught / caught : attraper
to choose / I chose / chosen : choisir
to come / I came / come : venir
to cost / I cost / cost : coûter
to cut / I cut / cut : couper
to do / I did / done : faire
to draw / I drew / drawn : tirer (un trait), dessiner
to dream / I dreamed ou *dreamt / dreamed* ou *dreamt* : rêver
to drink / I drank / drunk : boire
to drive / I drove / driven : conduire
to eat / I ate / eaten : manger
to fall / I fell / fallen : tomber
to feed / I fed / fed : nourrir
to feel / I felt / felt : (se) sentir
to fight / I fought / fought : combattre ; se battre
to find / I found / found : trouver
to fly / I flew / flown : voler (oiseau)
to forbid / I forbade / forbidden : interdire
to forget / I forgot / forgotten : oublier
to forgive / I forgave / forgiven : pardonner
to get / I got / got : obtenir
to give / I gave / given : donner
to go / I went / gone : aller
to grow / I grew / grown : croître

to hang / I hung / hung : suspendre
to have / I had / had : avoir
to hear / I heard / heard : entendre
to hide / I hid / hidden : (se) cacher
to hit / I hit / hit : frapper
to hold / I held / held : tenir
to hurt / I hurt / hurt : blesser, faire mal (à)
to keep / I kept / kept : garder
to know / I knew / known : connaître, savoir
to lay / I laid / laid : poser
to lead / I led / led : mener, conduire
to lean / I leaned ou *leant / leaned* ou *leant* : conduire, mener
to learn / I learned ou *learnt / learned* ou *learnt* : apprendre
to leave / I left / left : quitter, laisser
to lend / I lent / lent : prêter
to let / I let / let : laisser
to lie / I lay / lain : être couché
to light / I lighted ou *lit / lighted* ou *lit* : allumer
to lose / I lost / lost : perdre
to make / I made / made : faire, fabriquer
to mean / I meant / meant : signifier, vouloir dire
to meet / I met / met : rencontrer
to pay / I paid / paid : payer

to put / I put / put : mettre
to read / I read / read : lire
to ride / I rode / ridden : aller à bicyclette, à cheval
to ring / I rang / rung : sonner
to rise / I rose / risen : s'élever
to run / I ran / run : courir
to say / I said / said : dire
to see / I saw / seen : voir
to sell / I sold / sold : vendre
to send / I sent / sent : envoyer
to set / I set / set : placer, fixer
to shake / I shook / shaken : secouer
to shine / I shone / shone : briller
to shoot / I shot / shot : tirer (une balle)
to show / I showed / shown : montrer
to shut / I shut / shut : fermer
to sing / I sang / sung : chanter
to sit / I sat / sat : être assis
to sleep / I slept / slept : dormir
to smell / I smelled ou *smelt / smelled* ou *smelt* : sentir
to speak / I spoke / spoken : parler
to spend / I spent / spent : dépenser
to stand / I stood / stood : être debout
to steal / I stole / stolen : voler (quelque chose)
to sweep / I swept / swept : balayer

to swim / I swam / swum : nager
to take / I took / taken : prendre
to tell / I told / told : dire
to think / I thought / thought : penser
to throw / I threw / thrown : jeter
to understand / I understood / understood : comprendre
to wake / I waked ou *woke / waked* ou *woken* : réveiller
to wear / I wore / worn : porter (vêtements)
to win / I won / won : gagner
to write / I wrote / written : écrire

2) Liste du deuxième cercle
to bear / I bore / borne : porter (un enfant) ; supporter
to bend / I bent / bent : plier
to bet / I bet / bet : parier
to bind / I bound / bound : lier
to breed / I bred / bred : engendrer ; élever
to broadcast / I broadcast / broadcast : diffuser, émettre
to creep / I crept / crept : ramper
to deal / I dealt / dealt : distribuer
to dig / I dug / dug : creuser
to forecast / I forecast / forecast : prédire
to freeze / I froze / frozen : geler
to knit / I knitted ou *knit / knitted* ou *knit* : tricoter
to leap / I leaped ou *leapt / leaped* ou *leapt* : bondir
to quit / I quit / quit : cesser

to rid / I ridded ou *rid / rid* : débarrasser
to seek / I sought / sought : chercher, rechercher
to sink / I sank / sunk : sombrer
to slide / I slid / slid : glisser
to spell / I spelled ou *spelt / spelled* ou *spelt* : épeler
to spill / I spilled ou *spilt / spilled* ou *spilt* : répandre
to spit / I spat / spat : cracher
to split / I split / split : fendre
to spoil / I spoiled ou *spoilt / spoiled* ou *spoilt* : gâcher
to spread / I spread / spread : étaler, étendre
to spring / I sprang / sprung : jaillir
to stick / I stuck / stuck : enfoncer ; coller
to sting / I stung / stung : piquer
to stink / I stank / stunk : puer
to strike / I struck / struck : frapper
to swear / I swore / sworn : jurer
to swell / I swelled / swollen : enfler, gonfler
to swing / I swung / swung : (se) balancer
to tear / I tore / torn : déchirer
to thrust / I thrust / thrust : pousser, enfoncer, fourrer
to upset / I upset / upset : bouleverser
to withdraw / I withdrew / withdrawn : retirer

3) Liste du troisième cercle

to abide / I abided ou *abode / abided* ou *abode* : supporter

to arise / I arose / arisen : survenir
to bid / I bid / bid : faire une offre, une enchère
to cast / I cast / cast : jeter (sort)
to cling / I clung / clung : s'accrocher
to dwell / I dwelled ou *dwelt / dwelled* ou *dwelt* : habiter
to flee / I fled / fled : fuir
to fling / I flung / flung : jeter
to forsake / I forsook / forsaken : abandonner
to grind / I ground / ground : moudre
to mow / I mowed / mown : faucher, tondre
to saw / I sawed / sawn : scier
to sew / I sewed / sewn : coudre
to shed / I shed / shed : verser (larmes)
to shrink / I shrank / shrunk : rétrécir
to slit / I slit / slit : fendre, déchirer
to sow / I sowed / sown : semer
to speed / I sped / sped : aller vite, foncer
to spin / I spun / spun : tournoyer
to string / I strung / strung : enfiler (perles)
to strive / I strove / striven : s'efforcer
to tread / I trod / trodden : fouler aux pieds
to weave / I wove / woven : tisser
to weep / I wept / wept : pleurer
to wind / I wound / wound : enrouler
to wring / I wrung / wrung : tordre

EMPLOI DES TEMPS ET DES MODES

Remarques préliminaires sur les temps, les modes et les aspects.

Les temps : les vrais et ceux en kit

Le fin du fin en grammaire anglaise branchée, c'est d'assener qu'il n'existe que deux temps grammaticaux : le présent simple et le prétérit. Les autres temps, c'est du bricolage, qu'on se le dise ! On parle donc de « forme verbale » exprimant tel ou tel temps, cocktail composé de *be, have, shall, will, should, would* + quelque chose (participe présent, participe passé, infinitif incomplet). Comme c'est simple ! Bref, les grammairiens s'amusent énormément, les apprentis anglicistes beaucoup moins. Certes, tout cela est plus subtil et – avouons-le – plus juste. (En effet, sur le plan morphologique, aïe, c'est-à-dire du point de vue de la forme même du verbe, il n'y a bien que deux temps, le présent simple et le prétérit.) Mais c'est nettement plus casse-tête ! Par exemple, selon la nouvelle grammaire, il n'y a pas de futur en anglais. On parle de « l'expression de la notion de futur », du « renvoi à l'avenir » (sic), mais pas de temps futur... Nous continuerons à parler tout bêtement de temps, même pour le futur.

Les modes

Il y en a quatre en anglais : l'indicatif, l'infinitif, l'impératif, et le subjonctif. Ne pas confondre modes et modaux !

Les aspects

Notion essentielle en grammaire anglaise, quasiment inutile en français. Mais qu'est-ce que l'aspect ? C'est la manière d'envisager le déroulement dans le temps. Grossièrement : le temps (grammatical) répond à la question « Quand ça ? », l'aspect à la question « En cours ou pas ? ». L'aspect est en quelque sorte un témoin « marche/arrêt de l'action ». Par exemple, en français, notre imparfait exprime le passé, tout comme le passé simple et le passé composé, mais indique, lui, que l'action n'était pas terminée (1) ou se répétait (2) :
1) « Je regardais la télévision quand Pierre a téléphoné. »
2) « Je jouais aux cartes tous les dimanches. »
Les pédants parlent donc, pour l'imparfait, d'« aspect imperfectif » (= non terminé) et d'« aspect fréquentatif ».
Cela dit, cette subtilité n'a guère d'incidence sur l'apprentissage des temps en français, puisque l'aspect se confond avec le temps. Manque de chance, il n'en va pas de même en anglais.
La différence essentielle entre la forme « simple » et la fameuse « forme progressive » des temps relève de cette notion d'aspect. Ainsi, la « forme progressive » est la version anglaise de l'« aspect imperfectif » (exprimant une action « en train de s'accomplir »).
Ouf ! Restons-en là. Les différences entre les « formes simples » et les « formes progressives » seront expliquées lors de l'étude de chaque temps.

Le présent simple : le « vrai » présent

Le présent simple est un présent à la construction très simple (à la forme affirmative...) ! Les Français l'adorent. Qu'on en juge :

I go. - Je vais.

L'ennui, c'est qu'on ne l'emploie que dans la moitié des cas du présent français, attendu qu'il y a deux présents en anglais.

Alors, quand l'emploie-t-on ?

1) Pour les généralités et les habitudes

On appelle du reste ce temps le « présent d'habitude ».

I get up at 7.

Je me lève à sept heures.

What does he do for a living ?

Que fait-il dans la vie ? Quel est son métier ?

2) Avec valeur de futur

Comme en français, notamment pour les programmes officiels et les horaires.

The plane takes off at 5.

L'avion décolle à cinq heures.

3) Ponctuellement

Histoire rapportée au présent, demande de renseignements, indications scéniques.

How do I get to Chelsea ?
Comment aller à Chelsea ?

Le présent progressif : le présent « trotteuse »

Le second présent, c'est le présent progressif ou continu. Quand doit-on l'employer ?

1) Pour parler d'actions en cours

Il traduit souvent l'expression française « être en train de... ».

What are you doing ?
Qu'es-tu en train de faire ?
I'm filing my nails.
Je me lime les ongles.

N.B. Certains verbes ne s'utilisent évidemment presque jamais au présent progressif, par exemple *to know* (savoir), *to want* (vouloir), *to understand* (comprendre)...
En revanche, on peut utiliser *to be* et *to have* au présent progressif.

You are being stupid.
Tu te comportes comme un idiot.
Are you having a good time ?
Est-ce que tu t'amuses ?

2) Avec la valeur d'un futur, pour les « projets personnels ». (Comparer avec le présent simple.)

We are leaving tomorrow.

Nous partons demain.

Le prétérit : le « vrai » passé = le « dépassé »

Le *prétérit* est le principal temps du passé. Il correspond – excusez du peu ! – au passé simple, à l'imparfait et au... passé composé en français. Aïe ! C'est là que le bât blesse, puisqu'on peut aussi rendre ce fameux passé composé par le *present perfect* (voir ci-après). Or, la construction de ce dernier correspond exactement à celle de notre cher passé composé. La tentation naturelle pour traduire le passé composé est donc d'utiliser systématiquement le present perfect. Rien de plus fautif, de plus franchouillard ! Utilisations du prétérit :

1) Traduction du « passé composé » et du « passé simple »

On utilise obligatoirement le prétérit dès lors qu'une action est révolue, coupée du moment présent, par conséquent, dès que l'on précise quand elle a eu lieu (par une indication de temps ou implicitement). Grand Classique entre tous !

William the Conqueror invaded England in 1066.

Guillaume le Conquérant envahit l'Angleterre en 1066.
I went to Patagonia last year.
Je suis allé en Patagonie l'année dernière.
When did you buy that old wreck ?
Quand as-tu acheté cette ruine ?
I saw this trashy film two months ago.
J'ai vu ce navet il y a deux mois.

Rapprochement anglo-espagnol

En espagnol : prétérit obligatoire dans le même cas ! Pas de passé composé.
Compré este libro la semana pasada = I bought this book last week. - J'ai acheté ce livre la semaine dernière.

N.B. La préposition *for* signifie « pendant » (et non « depuis ») avec le prétérit :
How long did you live in London ?
Combien de temps as-tu habité Londres?
I lived in London for two years.
J'ai habité Londres pendant deux ans.
« My wife and I were happy for twenty years. And then we met. » (Rodney Dangerfield) « Mon épouse et moi-même avons été heureux pendant vingt ans. Puis, nous nous sommes rencontrés. »

- **Deux mots pour « pendant ».** *For* désigne la durée, *during* s'applique à la période, avec le sens d'« au cours de... ».

I met him during the holidays.

Je l'ai rencontré pendant les (au cours des) vacances.

2) Traduction de l'« imparfait d'habitude »

Quand l'imparfait français exprime une action habituelle dans le passé, on a le choix en anglais entre le prétérit simple, la tournure *used to* et l'utilisation de l'auxiliaire *would* (à ne pas confondre en ce cas avec l'auxiliaire du conditionnel).

I often went to the cinema when I was young.

J'allais souvent au cinéma quand j'étais jeune.

I used to get up late when I was young.

J'avais l'habitude de me lever tard quand j'étais jeune.

Used to et *would*

Il y a une différence entre les deux options. *Used to* évoque la différence entre le passé et le présent, alors que *would* n'implique aucune comparaison avec le moment présent. *I used to* correspond donc souvent à « avant, je (+ imparfait) ».

I used to smoke.

Avant, je fumais.

The Romans would behave like that.
Les Romains se conduisaient ainsi.
« *The future isn't what it used to be.* » (W C. Fields) « L'avenir n'est plus ce qu'il était. »

• Tournure spéciale « mangeurs de grenouilles »

Signalons que *I used to...* n'existe qu'au prétérit, alors que les Français cartésiens adorent lui retirer son *d* pour l'utiliser au présent ! C'est l'expression *to be used to doing something* qui tient ce rôle.

I am used to getting up at six.
= *I usually get up at 6.*
J'ai l'habitude de me lever à six heures.

Le prétérit progressif : le passé « trotteuse »

Le prétérit progressif traduit l'imparfait français, mais pas dans tous les cas ! Il concerne une action qui « était en train de se faire ».

« *It was one of those perfect summer days – the sun was shining, a gentle breeze was blowing, the birds were singing, and the lawnmower was broken.* » (James Dent)
« C'était l'une de ces merveilleuses journées d'été – le soleil brillait, une douce brise soufflait, les oiseaux chantaient, et la tondeuse à gazon était en panne. »

Le prétérit modal = prétérit bidon

Ce n'est pas un temps du passé… Il s'emploie seulement dans quelques cas bien répertoriés. Voici les quatre principaux. Après : *If…* , *I wish…* , *I'd rather…* , *It is (high) time…*

1) *If I were you…* - Si j'étais vous…

Pour le verbe *to be,* le prétérit modal est *were* à toutes les personnes.

2) « *Oh, I wish I could draw. I'd give my right arm to be able to draw.* » (Alan Ayckbourne) « Oh, je regrette de ne pas savoir dessiner. Je donnerais mon bras droit pour savoir dessiner. »

3) *I'd rather you came with me.* - Je préférerais que tu viennes avec moi.

4) *It's (high) time our parents went to bed.* - Il est (grand) temps que nos parents aillent se coucher.

Le *present perfect* : le « passé qui vous rattrape »

• Temps dynamite, à manier avec précaution

On ne l'utilise que dans certains cas pour rendre le passé composé, car, on l'a vu, le prétérit sert aussi à traduire ce dernier…

Alors, quand ?

Force est d'aligner docilement la règle sacro-sainte

claironnée partout : c'est le temps « qui exprime le rapport entre le passé et le présent ». Le « parfait présent »... C'est « parfait », c'est-à-dire « fini », mais en même temps « présent » !

Règle impérative : puisque c'est du « passé présent », il ne faut jamais utiliser le *present perfect* si l'on précise quand a eu lieu une action. (Règle inverse de celle s'appliquant au prétérit.)

• Applications, en pratique :

1) Pour une action passée qui a des conséquences dans le présent.

On s'intéresse aux conséquences présentes d'une action qui a été effectuée, sans se préoccuper du moment où elle a pu avoir lieu.

I have drunk too much whisky.
J'ai bu trop de whisky.
Have you seen that film ?
As-tu vu ce film ?

Mais on devra dire (au prétérit) :

I drank too much last night.
J'ai trop bu hier soir.
Did you see the film with Peter last Saturday ?
As-tu vu le film avec Peter samedi dernier ?

Complication

> Il y a tout de même un cas où l'on utilise le *present perfect* avec une... précision temporelle ! C'est lorsque l'unité de temps a toujours cours au moment où l'on parle, par exemple avec les expressions *this month, this year, in the past years,* etc.
>
> *Prices have risen this year.*
> Les prix ont augmenté cette année. [L'année n'est pas terminée.]
>
> Mais : *Prices rose last year.*
> Les prix ont augmenté l'année dernière.

2) Avec certains adverbes

Du coup, on l'utilise avec certains adverbes (qui établissent un « pont » avec le moment présent) : *ever, yet, already, lately, so far, just...*

I've already had lunch.
J'ai déjà déjeuné.
He has just finished his work.
Il vient de finir son travail..

3) Pour traduire le présent français

Spécialité anglaise : traduction du présent français par le *present perfect* anglais (Grand Classique)
Utilisation obligatoire du *present perfect* avec *for* (dans le sens de « depuis »), *since* et *how long* ?

(dans le sens de « depuis combien de temps ? »). Or, dans ces phrases, le français utilise le présent.

I've been in Malta since last week.
Je suis à Malte depuis la semaine dernière.
= Cela fait deux semaines que je suis à Malte.
How long have you known him ?
= Depuis combien de temps le connais-tu ?
« *I've been in love with the same woman for forty years. If my wife ever finds out, she'll kill me.* » (Henny Youngman)
« Je suis amoureux de la même femme depuis quarante ans. Si jamais ma femme le découvre, elle me tuera. »

N.B. Deux mots pour « depuis » : *since* et *for*
Since désigne le point de départ de la durée : *since 1987, since yesterday, since 5 o'clock, since last year* ...
For désigne la durée elle-même : *for ten years, for two hours, for a long time...*

Encore plus retors...

Utilisation du *present perfect* dans des tournures où nous utilisons, encore une fois, le présent.
- Après l'expression *It is the first time...*
    It's the first time I have flown.
    C'est la première fois que je prends l'avion.

- Dans l'expression :
  I've had enough. (Et non : *I have enough.*)
  J'en ai assez.

Present perfect progressif : le *present perfect* « trotteuse »

• Spécialité anglaise (bis)

Dans ces fameuses phrases avec « depuis » (*for* ou *since*) et « depuis combien de temps ? », on utilise le plus souvent – pour les verbes admettant une forme progressive (c'est-à-dire la majorité) – le *present perfect* progressif. La forme progressive renforce encore l'idée que « l'action dure toujours au moment où l'on parle ».

How long have you been learning Mandarin ?
Depuis combien de temps apprenez-vous le mandarin ?
They have been dating since May.
Ils sortent ensemble depuis mai.
This has been lasting for a long time.
Cela dure depuis longtemps.

• « En autonome » dans des phrases sans *for, since* ni *how long*

Il se traduit, comme le *present perfect* simple, par

le passé composé français. Subtilité : le simple concerne le résultat d'une action, le progressif s'intéresse à l'action même.

Have you finished your work ?
As-tu fini ton travail ?
What have you been doing all day ?
Qu'as-tu fait de toute la journée ?

Le *pluperfect* : le « 2ᵉ sous-sol »

Le *pluperfect* se traduit, dans l'écrasante majorité des cas, par le plus-que-parfait français. Il exprime une action antérieure à une autre action du passé. Autrement dit, c'est le second sous-sol du passé.
I had finished (– 2) the work when he arrived (- 1).
J'avais fini (– 2) le travail quand il est arrivé (– 1).
« *He had been kicked in the head by a mule when young, and believed everything he read in the Sunday papers.* » (George Ade) « Il avait reçu à la tête un coup de patte de mule dans sa jeunesse, et croyait tout ce qu'il lisait dans les journaux du dimanche. »
Donc, aucun problème. Mais il y a tout de même une petite spécialité anglaise, parallèle à la spécialité du *present perfect* progressif présentée ci-dessus.

Le *pluperfect* progressif

Le *pluperfect* progressif, utilisé avec *for, since* et *how long* ne se traduit pas par le plus-que-parfait, mais par l'imparfait. (On retrouve le même « décalage » qu'entre le *present perfect* avec *for* ou *since* et le présent utilisé en français dans les phrases avec « depuis ».)

We had been chatting for two hours when he turned up.

Nous bavardions depuis deux heures quand il s'est pointé.

Le futur simple : le futur « grain de sel »

L'auxiliaire « normal » du futur à toutes les personnes est *will*, à la forme affirmative, et *will not* (= *won't*), à la forme négative.

They will go to the West Indies next year.

Ils iront aux Antilles l'année prochaine.

L'auxiliaire *shall* ne s'emploie plus aujourd'hui qu'aux premières personnes du singulier et du pluriel, à la forme interrogative. (Naguère encore, on l'employait à la première personne du singulier et du pluriel, à la forme affirmative. C'est beaucoup plus rare de nos jours. Quant à la forme négative, également rare, c'est *shan't*).

Shall we go ?
On y va ?

On s'aperçoit dans cet exemple que l'on ne traduit pas par un futur en français ! À vrai dire, cette tournure est utilisée couramment pour faire une suggestion. On traduit par un indicatif présent à la forme interrogative. Très bien, mais pourquoi ? En fait, les modaux *will* et *shall,* auxiliaires du futur simple, le futur « qui met son grain de sel », sont des auxiliaires exprimant le sentiment, suggérant l'attitude du locuteur. *Will* est un vieux verbe anglais signifiant « vouloir », *shall* signifiant « devoir ». Poussons ainsi la traduction des deux exemples suivants :

I won't do that !
Je ne veux pas faire cela !
What shall I do ?
Que dois-je faire ?

La plupart du temps on traduit *will* + base verbale par un futur.

• Spécialité anglaise
On n'utilise pas le futur dans les subordonnées

temporelles (contrairement à l'usage français), mais le présent simple. Ces subordonnées temporelles sont introduites par *when, as soon as, the moment, once*.

I'll go and see him as soon as (= the moment = once) I arrive in London.
Je lui téléphonerai dès que j'arriverai à Londres.

N.B. En revanche, on utilise en anglais (comme en français) le futur dans les questions, directes ou indirectes.
When will you do that ?
Quand ferez-vous cela ?
I wonder when he will get my letter.
Je me demande quand il recevra ma lettre.

Le futur progressif : le futur « procès-verbal »

Le vrai futur « neutre » (voir ci-dessus), pour les grammairiens, est le futur progressif, qui énonce simplement ce qui se passera.
Will you be going to the party ?
Iras-tu à la soirée ?
I'll be seeing you !
À tout à l'heure !

Le futur antérieur : le futur « qui est déjà fini »

When will you have finished this task ?

Quand aurez-vous terminé cette tâche ?

Là encore, petite spécialité à la clef :

• Spécialité anglaise

À l'instar du futur, le futur antérieur ne s'emploie pas dans les subordonnées temporelles. On utilise le *present perfect*.

Come and see me when you have finished this task.

Viens me voir quand tu auras terminé ce travail.

Le futur proche : le futur « qui n'attend pas »

Pour rendre le futur proche (= « Je vais » + infinitif), on se sert avant tout de l'expression *to be going to...*

I'm going to tell him the truth.

Je vais lui dire la vérité.

• Incorrection à éviter

Going to se contracte de façon abusive en *gonna*.

I'm gonna give him a piece of my mind !

J'vais lui dire ma façon de penser !

- **Spécialité anglaise.**

Il y a des cas où l'on utilise en anglais le futur simple là où nous utilisons le futur proche.

Wait ! I'll answer the phone.

Attends ! Je vais répondre au téléphone.

La théorie est la suivante : pour traduire « je vais + infinitif », on utilise normalement *to be going to...* lorsque « c'est prévu ». Mais on se rabat sur le futur simple lorsque « c'est imprévu ».

Il existe une autre expression pour exprimer le futur très proche : *to be about to...* : « être sur le point de... »

Le futur de convention : la « tournure programme »

Le « futur de convention » n'est pas un temps, mais une simple tournure. On s'en sert pour des événements prévus, qui vont avoir lieu parce qu'il en a été décidé ainsi. On se sert aussi du « futur de convention » au... passé. La traduction se fait par le verbe français « devoir ».

I am to see him this afternoon.

Je dois le voir cet après-midi.

Shelley was to die at 30.

Shelley devait mourir à trente ans.

(= C'était là son destin.)

Pour les horaires et programmes officiels, l'expression devient souvent *to be due to...*

The plane is due to take off at 5.

L'avion doit décoller à cinq heures.

N.B. La tournure *to be to...* est très proche d'une expression affectionnée des anglophones : *to be supposed to...* (être censé...)

You're not supposed to break everything...

Vous n'êtes pas censé tout casser...

Dans certains contextes, la tournure *to be to...* a la valeur d'une obligation atténuée, se rapprochant ainsi de *shall* (cf. plus haut).

What am I to do ? (= What shall I do ?)

Que dois-je faire ? Que faire ?

Le conditionnel : virtuel toute !

En anglais, comme dans d'autres langues, c'est le mode du « décrochage d'avec la réalité », de l'hypothèse, de la virtualité, du rêve et des regrets.

Ce mode ne présente guère de difficultés étant donné qu'il correspond *grosso modo* à notre conditionnel. Le cas typique, avec principale et subordonnée conditionnelle, est semblable à la configuration française.

« If I only had a little humility, I'd be perfect. » (Ted Turner) « Si j'avais seulement un peu d'humilité, je serais parfait. »

Comme en français, le conditionnel peut évidemment s'utiliser sans subordonnée de condition.

« He was the sort of man who would have tried to cheer Napoleon up by talking about the Winter Sports at Moscow. » (P. G. Wodehouse) « C'était le genre d'homme qui aurait tenté de redonner le moral à Napoléon en lui parlant des sports d'hiver à Moscou. »

Et, comme le français le fait toujours, l'anglais utilise le conditionnel comme « futur dans le passé » (!).

He told me he would be late.

Il m'a dit qu'il serait en retard.

- **Spécialité anglaise.**

L'anglais n'utilise pas de conditionnel dans les subordonnées temporelles. On se sert alors du prétérit.

He told me he would go and see her when he was in London.

Il m'a dit qu'il irait la voir quand il serait à Londres.

Should et ought to : les auxiliaires jumeaux

Should (auxiliaire modal) et *ought to* traduisent, à toutes les personnes, « (je) devrais, etc. ». Mêmes nuances de sens qu'en français : conseil, reproche voilé, probabilité.

Formes négatives contractées : *shouldn't* et *oughtn't to*.

You should (= ought to) be more careful.
Tu devrais être plus prudent.
He should be back home by now.
Il devrait être rentré à l'heure qu'il est.

Au passé :
« *You should have died when I killed you.* » (John Le Carré)
« Vous auriez dû mourir quand je vous ai tué. »
En théorie, *should* et *ought to* sont censés avoir des nuances différentes. *Should* exprime le point de vue subjectif du locuteur, *ought to* un point de vue plus objectif. (Bla-bla de grammairiens ! En pratique, ils sont interchangeables.)

Should en cavalier seul

En dehors de son sens de « devrais » (etc.), *should* s'utilise comme auxiliaire après certains verbes et avec certaines expressions.

It is important/necessary/essential that he should

do a work placement abroad.
Il est important/nécessaire/essentiel qu'il fasse un stage à l'étranger.
I suggest that you should do a placement.
Je te suggère de faire un stage.
He demands that you should leave at once.
Il exige que vous partiez tout de suite.
It's a pity that he should be so pig-headed.
C'est dommage qu'il soit si entêté.

N.B. Avec la plupart de ces expressions, il est courant (surtout en américain) d'escamoter *should*. Ce qui donne : *It is essential that he do a placement abroad.*

Le subjonctif

On n'a presque pas besoin du « vrai » subjonctif en anglais, car le subjonctif français renvoie à une petite collection d'équivalences en anglais (dont ce *should* étudié ci-dessus), certes bien simplettes par rapport aux subtilités de notre mode diabolique, mais très reposantes !

• Équivalences simplettes du subjonctif français
1) Un vulgaire indicatif avec certains verbes, expressions ou conjonctions exigeant le subjonctif en

français.

> *Supposing he can't come ?*

Et à supposer qu'il ne puisse pas venir ?

> *Though I am French...*

Bien que je sois français...

Quant à la traduction des phrases avec les modaux *can, may* et *must,* elle est souvent plus lourde que la phrase anglaise équivalente, toujours à cause du subjonctif !

> *She may have been late.*

Il se peut qu'elle ait été en retard.

> *I must go at once.*

Il faut que je parte tout de suite.

> *He can't have done that !*

Impossible qu'il ait fait ça !

2) Une Proposition Infinitive Taille Fine

> *He wants us to write her a letter at once.*

Il veut que nous lui écrivions une lettre sur-le-champ.

3) Un « prétérit modal »

> *I wish you could come with us.*

Je regrette que tu ne puisses nous accompagner.

• Subjonctif pur jus

Le vrai de vrai est très facile à employer : c'est la

base verbale sans additif ni colorant, notamment sans *s* à la 3e personne du singulier. Quand l'utilise-t-on ?

1) Dans des expressions figées telles que
Bless you ! (Ellipse de *God bless you !*)
A vos souhaits !
Long live the Queen !
Vive la Reine !
If need be.
Si besoin est.

2) Et puis aussi avec les locutions réclamant *should* en anglais britannique classique, lequel *should* saute en américain et en britannique contemporain (voir *Should* en cavalier seul).

L'infinitif

On parle d'« infinitif complet » et d'« infinitif incomplet ». Le « complet » comporte la particule *to*, l'« incomplet » ou « base verbale » ne comprend pas la particule.

L'infinitif « normal », c'est le « complet ». « Prendre » se dit donc en anglais *to take*. *Take* tout seul n'est qu'une simple « base verbale », bancale sans sa béquille *to*.

• Infinitif dans le rôle du sujet

Quand un infinitif est sujet de la phrase, c'est le « complet » qu'il faut utiliser en anglais. (On peut aussi avoir là un gérondif [voir Gérondif].)

To drink port with Stilton is an epicure's pleasure.
Boire du porto avec du Stilton est un plaisir de gourmet.

• Verbes suivis d'un « *infinitif complet* »

Lorsqu'un verbe est suivi d'un infinitif, c'est normalement d'un infinitif « complet » qu'il s'agit. (Voir Structures Verbe + Verbe : « Construction normale n°1 ».)

• Infinitif négatif.

Ne pas s'entortiller la langue entre la particule et la négation...

not to sleep : ne pas dormir.
(Horreur : *to not sleep.*)

• « Infinitif incomplet » = « base verbale »

Attention ! Il faut être sûr de son coup pour l'utiliser.

1) Voir Structures Verbe + Verbe : n° 3, la « frotti-frotta »

2) Après *Why ?*

Why sue them ? Why not come to an agreement ?
Pourquoi leur faire un procès ? Pourquoi ne pas trouver un arrangement ?

3) Après les verbes de « perception » (*to see, to hear, to feel,* etc.)

I saw him slap her face.
Je l'ai vu la gifler.

N.B. Après les verbes de perception, on utilise aussi le participe présent si l'action est censée durer.
« *I understand the inventor of the bagpipes was inspired when he saw a man carrying an indignant, asthmatic pig under his arm.* » (Alfred Hitchcock) « Il paraît que l'inventeur de la cornemuse trouva son inspiration en voyant un homme porter sous le bras un cochon asthmatique et indigné. »

4) Après certaines expressions

all you have to do is... : il vous suffit de…
there is nothing to do but... : il n'y a qu'à…
« *Anyone can get old. All you have to do is live long enough.* » (Groucho Marx) « N'importe qui peut vieillir. Il suffit de vivre assez longtemps. »

- **Infinitif passé**
1) Comme en français
   to have understood : avoir compris
« *A classic is a book that everybody wants to have read and nobody wants to read.* » (Mark Twain) « Un classique est un livre que tout le monde veut avoir lu et que personne ne veut lire. »
2) Pas comme en français
On n'utilise pas d'infinitif passé après une préposition en anglais. On utilise le gérondif.
   After slamming the door, she socked him one.
   Après avoir claqué la porte, elle lui claqua le beignet.

- **Infinitif passif**
Comme en français
   He wanted to be seen.
   Il voulait être vu.

L'impératif
   À la 2e personne du singulier et du pluriel : base verbale (forme affirmative)
   don't + base verbale (forme négative)
« *Send two dozen roses to Room 424 and put "Emily, I love you" on the back of the bill.* » (Groucho Marx) « Portez deux

douzaines de roses à la chambre 424 et inscrivez "Emily, je vous aime" au dos de la note. »

Don't laugh. - Ne ris pas.

Forme d'insistante à la 2e personne : *do* + base verbale

Do come in. - Entrez donc.

À la 1re personne du pluriel :

let's (= let us) + base verbale (forme affirmative)

let's not (ou don't let's) + base verbale

« *But enough about me, let's talk about you. What do you think of me ?* » (Bette Midler) « Mais assez parlé de moi, parlons de vous. Que pensez-vous de moi ? »

Don't let's disturb them.

Ne les dérangeons pas.

À la 3e personne du singulier et du pluriel

let + complément + base verbale

(forme affirmative)

Don't let + complément + base verbale

(forme négative)

Let him speak.

Laissez-le parler.

Don't let them do that.

Ne les laissez pas faire cela.

LES MODAUX OU « GRAINS DE SEL »

Les « auxiliaires modaux » sont *shall* et *will*, *should* et *would*, *can*, *may* et *must*. Ces « modaux » sont également appelés « verbes défectifs » : autrement dit, ce sont des handicapés de la forme verbale, vu qu'il leur manque presque tous les temps ! Ces anormaux ne prennent pas de *s* à la troisième personne du singulier au présent, ont la même forme à toutes les personnes, n'ont pas d'infinitif, pas de participe présent, pas de participe passé, se contentent d'inverser le sujet à la forme interrogative, sont suivis de l'infinitif sans *to*.

Au fait, qu'est-ce qu'un « auxiliaire modal » ? C'est un verbe « aidant » un autre verbe, et qui exprime l'état d'esprit, les dispositions du locuteur. C'est un verbe qui « met son grain de sel ». Voici les nuances colorant en filigrane ces auxiliaires :

shall et *should* : devoir
will et *would* : volonté
can : capacité ou aptitude
may : permission ou éventualité
must : obligation ou probabilité

Can

I can (présent) : je peux
I cannot = I can't : je ne peux pas
Can I ? : est-ce que je peux ?
I could (conditionnel) : je pourrais
I could (prétérit) : j'ai pu, je pouvais, je pus

Le verbe « pouvoir » tout terrain. *Can* exprime pratiquement tous les sens du verbe « pouvoir » français (capacité, aptitude, permission, éventualité...). *May* (voir plus loin) est privilégié pour la notion d'éventualité et, dans la langue soignée, pour la notion de permission.

I can't lift the table !
Je ne peux pas soulever la table !
Can I go out ?
Puis-je sortir ?

• **Spécialités anglaises.** *Can* s'utilise aussi :
1) dans le sens de « savoir » (fruit d'un apprentissage)

Can you swim, ski, drive an artic, dance the polka, speak Javanese ?
Sais-tu nager, skier, conduire un semi-remorque, danser la polka, parler le javanais ?

« *She speaks eighteen languages and can't say "No" in*

any of them. (Dorothy Parker) « Elle parle dix-huit langues et ne sait dire "Non" dans aucune d'elles. »

2) avec les verbes de perception

Can you hear me ?

M'entends-tu ?

Le problème est de conjuguer « pouvoir » à d'autres temps qu'aux temps mentionnés ci-dessus. On se sert pour cela d'une « expression équivalente » :

to be able to... : être capable de...

I won't be able to go out with you next Saturday.

Je ne pourrai pas sortir avec toi samedi prochain.

Aussi :

It is possible for... to... :

Il est possible à... de...

It won't be possible for them to reach London in one day.

Ils ne pourront pas atteindre Londres en un jour.

May

Deux temps seulement :

I may (présent) : je peux

I might (conditionnel) : je pourrais

May s'utilise avec deux valeurs :

1) celle de permission,

2) celle d'éventualité.

1) Permission

May I smoke ?

Puis-je fumer ?

L'« expression équivalente », pour les temps faisant défaut à *may*, est *to be allowed to...* Laquelle traduit du reste la locution « avoir le droit de... » et s'utilise couramment au présent.

She won't be allowed to wear a bikini in the dining-toom.

Elle ne pourra pas (= n'aura pas le droit de) porter de bikini dans la salle à manger.

2) Éventualité

William may (= might) drop by this afternoon.

Il se peut (= se pourrait) que William passe cet après-midi.

Must

I must : je dois

I mustn't : je ne dois pas

Les deux valeurs sont l'obligation et la probabilité.

1) Obligation

I must talk to him.

Je dois lui parler. = Il faut que je lui parle.

L'« expression équivalente », pour les temps faisant défaut à *must*, est *to have to...* que l'on l'utilise aussi

couramment au présent.
> *I have to go at once = I've got to go at once.*
> Il faut que je parte tout de suite.
> *They will have to do it tomorrow.*
> Il faudra qu'ils le fassent demain.

• À la forme négative, pas question de confondre *must* et son équivalent :
> *You mustn't fall asleep during the meeting !*
> Tu ne dois pas t'endormir pendant la réunion !
> *You don't have to do that immediately.*
> Tu n'es pas obligé de faire ça immédiatement.

• **Incorrection d'indigène**

Savourons une incorrection, usitée en anglais très familier : *gotta,* contraction abusive de *have got to* et *has got to.*

« *The motto for Cleveland should be, "You gotta live somewhere"* » (Jimmy Brogan) « La devise de Cleveland devrait être : "Faut bien vivre quelque part." »

2) Probabilité

May : éventualité = 50/50 : le modal du Normand (« p't-êt' ben qu'oui, p't-êt' ben qu'non »)
Must : probabilité = 80/20.

« My films are more appreciated in France than they are back home in America. The subtitles must be incredibly good. » (Woody Allen) « Mes films sont plus appréciés en France que chez nous en Amérique. Les sous-titres doivent être incroyablement bons. »

Schéma de montage des modaux au passé

Au passé, les modaux conservent évidemment les nuances de sens décrites ci-dessus. Le schéma est le suivant : Modal + *have* + participe passé

He can't have said that !
Impossible qu'il ait dit ça !
You could have broken your leg.
Tu aurais pu te casser la jambe.
She may have been delayed.
Il se peut qu'elle ait été retardée.
There might have been a snag.
Il se pourrait qu'il y ait eu un hic.
He must have had a rough time.
Il a dû en voir de dures.

To need et *to dare* : deux verbes « à voile et à vapeur »

To need (« avoir besoin de ») et *to dare* (« oser ») peuvent être traités comme des verbes « normaux »

ou comme des « modaux ».
1) La construction la plus courante : celle de « verbe normal »

You don't need to phone him immediately.
(= You don't have to phone him immediately.)
Tu n'as pas besoin de lui téléphoner immédiatement.
He doesn't dare to speak to her.
Il n'ose pas lui parler.

2) La construction « à l'ancienne » : celle de « modal » (aux formes négative et interrogative)

You needn't phone him immediately.
Tu n'as pas besoin de l'appeler immédiatement.
He daren't speak to her.
Il n'ose pas lui parler.
He dared not speak to her.
Il n'osa pas lui parler.
How dare you ?
Comment osez-vous ?

PETITS JEUX AVEC AUXILIAIRES

Les *question tags* ou « miniquestions »
Gourmandises folkloriques, ces *question tags* !

Recette : auxiliaire + pronom sujet + ?
Phrase affirmative : *tag* interro-négatif
Phrase négative : *tag* interrogatif simple

S'il n'y a pas d'auxiliaire dans la phrase, on utilise l'auxiliaire passe-partout *do*, conjugué au temps requis.

She's twenty, isn't she ?
Elle a vingt ans, n'est-ce pas ?
You can drive, can't you ?
Tu sais conduire, hein ?
You haven't got a car, have you ?
Tu n'as pas de voiture, n'est-ce pas ?
They know you, don't they ?
Ils te connaissent, hein ?

- **Un pronom inattendu**

  Everyone is here, aren't they ?
  Tout le monde est là, n'est-ce pas ?
  Nobody came, did they ?
  Personne n'est venu, hein ?

- **La « spéciale fourmi »**

  I'm the best, aren't I ?
  Je suis le meilleur, hein ?

(Rappelons qu'*aren't* se prononce [a:nt] comme... *ant*, « fourmi ».)

Les « réponses courtes »

Les anglophones ne se contentent souvent pas de répondre platement par *yes* ou *no*, mais reprennent l'auxiliaire de la phrase, selon le schéma suivant : pronom sujet + auxiliaire utilisé

Are you tired ? / Yes, I am. / No, I'm not.
Es-tu fatigué ? / Oui. / Non.
Can you do it ? / No, I can't.
Pouvez-vous le faire ? / Non.
Do you understand ? / Yes, I do.
Comprenez-vous ? / Oui.

Les « reprises courtes »

Recette : auxiliaire + pronom sujet + ?
Reprise marquant la surprise, se traduisant par « Vraiment ? », « Ah bon ? », ou « Sans blague ? »

He asked me out to dinner. / Did he ?
Il m'a invitée à dîner. / Sans blague ?
She's fifty. / Is she ?
Elle a cinquante ans. / Ah bon ?

Les « reprises courtes » enrichies à *so* et *neither*

Recette : *So* + auxiliaire + pronom sujet = « Moi (etc.) aussi »

Neither + auxiliaire + pronom sujet = « Moi (etc.) non plus »

She's French. / So am I.
Elle est française. / Moi aussi.
I can dance the tango. / So can she.
Je sais danser le tango. / Elle aussi.
I don't like muzak. / Neither do I.
Je n'aime pas la musique de fond. /
Moi non plus.

La « forme d'insistance »

• Le verbe dopé à l'auxiliaire

À la forme affirmative, on peut doper, à l'aide de l'auxiliaire *do*, le verbe au présent, au prétérit et à l'impératif, pour mettre les points sur les i.

She did say you were a liar.
Elle t'a vraiment traité de menteur.
Do come in.
Entrez, je vous en prie.
You do look strange.
Tu as vraiment l'air bizarre.

• Le mot gonflé à la voix

On peut aussi simplement faire ressortir tel ou tel mot en l'accentuant à l'oral (ou en le soulignant à l'écrit).

I didn't do that ! Jane did.

Ce n'est pas moi qui ai fait ça ! C'est Jane.

LES VERBES

Verbes intransitifs et verbes transitifs : les autonomes et les autres

Les verbes transitifs peuvent être suivis d'un complément d'objet, contrairement aux verbes intransitifs.

Ainsi, « dormir » (*to sleep*) est un verbe intransitif puisqu'on ne peut pas « dormir quelque chose ». En revanche, « manger » (*to eat*) est un verbe transitif, puisqu'on peut « manger quelque chose ».

Certains verbes peuvent être intransitifs et transitifs.

The wind was blowing. (Emploi intransitif)

Le vent soufflait.

He blew her a kiss. (Emploi transitif, *kiss* étant le complément d'objet.)

Il lui envoya un baiser.

• Verbes transitifs directs et transitifs indirects

Pour compliquer un peu, voici une sous-classification concernant les verbes transitifs. Les transitifs directs sont suivis d'un complément d'objet direct ; les transitifs indirects d'un complément d'objet indirect, c'est-à-dire introduit par une discrète préposition.

• Variantes franco-anglaises

En effet, un transitif direct en français peut très bien être transitif indirect en anglais... Et vice versa ! Vicieux... De surcroît, lorsqu'on se trouve en présence d'un transitif indirect dans les deux langues, ce n'est pas nécessairement la même préposition qui est utilisée...

Miniliste de transitifs indirects en anglais / transitifs directs en français.

to aim at... : viser...
to approve of... : approuver...
to ask for... : demander...
to comment on... : commenter...
to hope for... : espérer...
to listen to... : écouter...
to look at... : regarder...
to look for... = *to search for...* : chercher...

→ *to search...* (transitif direct) signifie « fouiller (dans)... »
to pay for (something) : payer (quelque chose)
to wait for... : attendre...
to wish for... : souhaiter...
How much did you pay for that ?
Combien as-tu payé cela ?

N.B. La préposition ne s'utilise qu'en présence d'un complément.

Look ! (Et non : *Look at !*) - Regarde !
Miniliste de transitifs directs en anglais / transitifs indirects en français

to address (someone) : s'adresser (à quelqu'un)
to answer (someone) : répondre à (quelqu'un)
to approach... : s'approcher de...
to ask (someone) : demander à (quelqu'un)
to attend... : assister à...
to discuss... : discuter de...
to divorce... : divorcer d'avec...
to doubt... : douter de...
to enter... : entrer dans...
to expect... : s'attendre à...
to lack... : manquer de...
to need... : avoir besoin de...

to obey... : obéir à...
to phone... : téléphoner à...
to remember... : se souvenir de...
to resist... : résister à...
to trust... : faire confiance à...

« *I can resist everything except temptation.* » (Oscar Wilde)
« Je peux résister à tout, sauf à la tentation. »

Bon français *To remember* : « se souvenir de » ou « se rappeler ». Ce dernier verbe est un transitif direct.

I remember that.

Je m'en souviens. = Je me rappelle cela.

Prépositions différentes en anglais et en français

to consist of... : consister en...
to laugh at... : rire de..., se moquer de...
to deal with... : traiter de...
to depend on... : dépendre de...
to be interested in... : s'intéresser à...
to live on... : vivre de...
to think of [ou] about... : penser à...

Verbes à postposition ou verbes à particule adverbiale : verbes « à satellite »

De nombreux verbes anglais sont accompagnés d'une postposition, qui modifie le sens du verbe ou lui donne un sens carrément différent. Les postpositions sont malheureusement le plus souvent les mêmes mots que les prépositions. Il est pourtant très facile de faire la distinction. Le « verbe à particule » ne peut se passer de sa particule. Le « verbe prépositionnel » est un verbe transitif indirect, qui a seulement besoin de sa préposition quand il est suivi d'un complément d'objet (voir ci-dessus).

They took on ten workers. (postposition)
Ils embauchèrent dix salariés.
You can rely on him. (préposition)
Tu peux compter sur lui.

• Place du complément d'un verbe transitif « à particule »
1) Indifféremment :
He switched on the light. = He switched the light on.
Il alluma la lumière.
2) Verbe + pronom + particule (construction unique)
He picked it up.
Il le ramassa.

N.B. Un « verbe à particule » peut se combiner avec une préposition + complément.
He looks down on her.

Il la regarde de haut.
Down est une postposition, *on* une préposition.

Verbes à double complément direct = verbes « à doublure réversible »

Certains verbes admettant un COD et un complément d'attribution (le « bénéficiaire »), peuvent se construire « à la française » ou « à l'anglaise ».

• « Construction à la française » :
verbe + COD + *to* + complément d'attribution

He sent a passionate letter to his girlfriend.

Il envoya une lettre passionnée à sa petite amie.

• « Construction à l'anglaise » :
verbe + complément d'attribution nom + COD nom

He sent his girlfriend a passionate letter.

Il envoya une lettre passionnée à sa petite amie.
Cette construction « à l'anglaise » est la plus utilisée.

N.B. Construction unique avec deux pronoms :

He sent it to me.

Il me l'a envoyé.

• Principaux verbes utilisant la « doublure réversible »

Sur le modèle : *to answer somebody something* : répondre quelque chose à quelqu'un.
to ask (demander), *to award* (décerner), *to bring* (apporter), *to give* (donner), *to grant* (accorder), *to lend* (prêter), *to offer* (offrir), *to promise* (promettre), *to send* (envoyer), *to show* (montrer), *to teach* (enseigner), *to tell* (dire).

• Trois verbes sans la moindre souplesse.

To explain, to suggest et *to describe* n'admettent que la construction : verbe + COD + *to* + complément d'attribution.

He explained the situation to me.
(Et non : *He explained me the situation.*)
Il m'a expliqué la situation.

Le passif

Le passif se forme comme en français :
to be + participe passé

• Complications.

Mais il existe des utilisations supplémentaires du passif en anglais. Il y a donc le passif « comme chez nous » et deux passifs « de chez eux ».

• Le passif « comme chez nous »

C'est-à-dire : utilisé avec un verbe transitif direct, comme en français.

The burglar was arrested two days later.

Le cambrioleur fut arrêté deux jours plus tard. =
On arrêta le cambrioleur deux jours plus tard.

Cette tournure, semblable à la nôtre, n'appelle aucun commentaire. Cela dit, les anglophones ont un net penchant pour le passif, davantage utilisé qu'en français. Il correspond souvent à une utilisation de « on » en français.

Ajoutons un bon lot de tournures impersonnelles, comme :

It is said that... - On dit que...

... Et de tournures personnelles au passif suivies d'un « infinitif complet », avec des verbes dits « d'opinion », *to say, to believe, to know, to report, to think...*

She is believed to be innocent.

On la croit innocente.

• Les deux passifs « de chez eux »

1) Le « passif prépositionnel »

En français, il est impossible d'utiliser un verbe transitif indirect à la voix passive. Eh bien, en anglais la préposition n'est nullement un obstacle.

You can't rely on Peter.

On ne peut pas compter sur Peter.

Cette phrase à la voix active peut sans mal se mettre au passif en anglais (exclusivement) :

Peter can't be relied on.

The children are very well looked after here.
On s'occupe très bien des enfants ici.
(*To look after...* : s'occuper de...)
The garden was well taken care of.
Le jardin était bien entretenu.
(*To take care of...* : prendre soin de...)

2) Le « double passif » des verbes « à doublure réversible » Il s'utilise pour les verbes « à deux compléments directs » (voir plus haut). On retrouve à la voix passive la double construction étudiée à la voix active.

• 1re construction, à l'actif puis au passif « comme chez nous » :

They gave a booklet to John.
Ils donnèrent un livret à John.
A booklet was given to John.
Un livret fut donné à John.

- 2ᵉ construction au passif « à l'anglaise » :
    John was given a booklet.
    On donna un livret à John.

Autres exemples :
    He has been offered a new job.
    On lui a proposé un nouvel emploi.
    I've been told that he is ill.
    On m'a dit qu'il était malade.

« If you're given a choice between money and sex appeal, take the money. As you get older, the money will become your sex appeal. » (Katharine Hepburn) « Si l'on vous donne le choix entre l'argent et le sex appeal, choisissez l'argent. Quand vous prendrez de l'âge, c'est l'argent qui deviendra votre sex appeal. »

La traduction de « faire faire »

La langue anglaise dispose de deux traductions pour rendre notre « faire faire quelque chose (à quelqu'un) ». Lesquelles correspondent aux deux valeurs du second infinitif de « faire faire » : valeur active et valeur passive.

• **Valeur active du second infinitif de l'expression**
=> Tournure « à la française » en anglais

to make somebody do something :
faire faire quelque chose à quelqu'un, forcer quelqu'un à faire quelque chose
« *Always make the audience suffer as much as possible.* » (Alfred Hitchcock) « Faites toujours souffrir le public au maximum. »

On trouve aussi la tournure :
to get somebody to do something
He got me to talk about the new scheme.
Il m'a fait parler du nouveau projet.

• Valeur passive du second infinitif de l'expression
=> « Tournure sandwich » en anglais
to have something done :
faire faire quelque chose. (En charabia : « avoir quelque chose [qui est] fait. »)

On trouve aussi la tournure :
to get something done
I've had my hair cut.
Je me suis fait couper les cheveux.
I must have the car serviced.
Il faut que je fasse réviser la voiture

• Traductions « prêtes à servir »

to start a car :
faire démarrer une voiture.
to cook potatoes :
faire cuire des pommes de terre
He has difficulty making himself understood.
Il a du mal à se faire comprendre.
to keep somebody waiting :
faire attendre quelqu'un
Show him in.
Faites-le entrer
I've been had.
Je me suis fait avoir.

« Le petit train des verbes »

Comment relier un verbe à un second verbe ?
On relève cinq structures verbales :
1) Construction normale n° 1 :
   Verbe + « infinitif complet »
2) Construction normale n° 2 :
   Verbe + gérondif
3) Construction normale n° 3 :
   Verbe + préposition + gérondif
4) La « frotti-frotta » :
   Verbe + « base verbale »

5) Spécialité folklorique : la « Totale » :
Verbe + *to* + gérondif

• Listes sélectives
1) Construction normale n° 1 :
Verbe + « infinitif complet » (= avec *to*)
C'est la construction « normale »
I want to go home.
Je veux rentrer à la maison.
I prefer to do it myself.
Je préfère le faire moi-même.
I'd like to see him.
J'aimerais le voir.
He began to complain.
Il a commencé à se plaindre.
Remember to send this fax.
N'oublie pas d'envoyer ce fax.
Did you manage to do it ?
As-tu réussi à le faire ?
I can't afford to waste any time.
Je ne peux pas me permettre de perdre du temps.
2) Construction normale n° 2 :
Verbe + gérondif
I hate skiing.
Je déteste skier.

You must avoid making that mistake.
Tu dois éviter de faire cette faute.
I couldn't help laughing.
Je n'ai pas pu m'empêcher de rire.
He keeps (on) complaining.
Il ne cesse de se plaindre.
Would you mind opening the window ?
Cela vous dérangerait-il d'ouvrir la fenêtre ?
He suggested taking a taxi.
Il a proposé de prendre un taxi.
I remember visiting this museum with you.
Je me souviens d'avoir visité ce musée avec toi.

1 bis) 2 bis) Les verbes fonctionnant « sur piles et sur secteur »

Il existe des verbes qui ont une double construction (avec *to* et avec le gérondif). Notamment : *to begin, to start, to like, to prefer, to remember, to regret.*

Si *to begin* est déjà à la forme progressive, seule la construction avec *to* est possible.
« *When I was a boy, I was told that anybody could become President. I am beginning to believe it.* » (Clarence Darrow)
« Quand j'étais petit, on me disait que n'importe qui pouvait devenir président. Je commence à le croire. »

To like se construit plutôt avec le gérondif pour un goût « général », mais avec l'infinitif complet pour un goût « ponctuel », et obligatoirement quand le verbe est au conditionnel.
I like dancing.
J'aime danser.
I'd like to dance.
J'aimerais danser.

To prefer se construit avec le gérondif quand on parle « en général », avec l'infinitif complet quand on parle « en particulier ».
I prefer travelling by train to flying.
Je préfère voyager en train plutôt que de prendre l'avion..
I'm sorry, but I prefer to use my car.
Je suis désolé, mais je préfère prendre ma voiture.

To remember se construit avec le gérondif quand le verbe fait allusion au passé, mais avec l'infinitif complet pour parler de quelque chose que l'on ne doit pas oublier de faire.
I remember seeing him in London.
Je me souviens de l'avoir vu à Londres.

I must remember to phone him.
Il faut que je pense à lui téléphoner.

To regret se construit avec le gérondif pour traduire « regretter d'avoir fait » et l'infinitif complet pour traduire « regretter de faire ».

I regret calling her a bitch.
Je regrette de l'avoir traitée de garce.
I regret to say that you're a bitch.
Je regrette de dire que tu es une garce.

3) La construction normale n° 3 :
Verbe + préposition + gérondif

Ce sont là de petites spécialités dont on apprend les recettes au cas par cas.

He succeeded in solving the problem.
Il a réussi à résoudre le problème.
It prevented me from sleeping.
Cela m'a empêché de dormir.

4) La « frotti-frotta » :
Verbe collé contre la « base verbale »

Cette construction ne s'utilise qu'avec un nombre de verbes limité. Avant tout les « modaux », puis les deux tournures *I'd rather* (« Je préférerais... ») et *I'd better* (« Je ferais mieux de... »), la tournure *to make somebody do something* et *to let somebody do something* (« laisser quelqu'un faire quelque chose »).

Quant à *to help,* cas isolé, il se construit soit avec l'infinitif complet, soit avec l'infinitif incomplet.
I'd rather go to the cinema.
Je préférerais aller au cinéma.
Let me do it myself.
Laisse-moi le faire moi-même.
Help me (to) carry the table.
Aide-moi à porter la table.

5) Spécialité folklorique ; la « Totale » :
Verbe + *to* + gérondif

Voilà une gourmandise pour friands de grammaire ! Elle s'utilise dans quelques expressions, peu nombreuses et bien répertoriées : avant tout les deux expressions *to look forward to doing something* (« attendre avec impatience de faire quelque chose ») et *to be used to doing something* (« être habitué à faire quelque chose »). Ajoutons *to adjust to...* (« se faire à... »), *to boil down to* (« se ramener à... »), *when it comes to...* (« quand il s'agit de... »).

We look forward to hearing from you.
Nous attendons avec impatience de vos nouvelles.
I am used to getting up early.

J'ai l'habitude de me lever de bonne heure.

LA PHRASE

Les propositions subordonnées

• La complétive banale avec *that*
I think (that) he lives in London.
Je crois qu'il vit à Londres.
Seule différence avec le français : la conjonction *that* (= « que ») peut s'escamoter, surtout dans la conversation.

• La proposition infinitive = la « complétive taille fine » (Grand Classique)
Après certains verbes (exprimant la volonté, le goût, l'attente) – principalement *to want, to like, to expect* et *to wait*, on ne trouve pas de lourde complétive à la française (*that* + verbe conjugué), mais une construction allégée avec complément et infinitif.

I expect him to come with us.
Je m'attends (à ce) qu'il vienne avec nous.
I'd like you to help me.
J'aimerais que vous m'aidiez.

I waited for her to be ready.
J'ai attendu qu'elle soit prête.

• Les subordonnées circonstancielles et leurs chariots de conjonctions

Temps

when : quand, lorsque
before : avant que
after : après que
while : pendant que
as : comme, tandis que
as long as : aussi longtemps que
as soon as = *the moment* : dès que, aussitôt que
once : une fois que
After she had hung up on me, I had a whisky.
Après qu'elle m'eut raccroché au nez, j'ai pris un whisky.

• Bon français

Rappelons qu'on doit utiliser l'indicatif et non le subjonctif après la conjonction « après que »...
« Après qu'elle ait raccroché... » est donc une faute.
On doit bien dire : « Après qu'elle eut raccroché... »

Cause

because : parce que

as : comme, puisque, vu que, étant donné que
especially as : d'autant que
since = as : puisque
for : car
He went to bed because he was tired.
Il alla se coucher parce qu'il était fatigué.
As (= Since) everybody is here, we can start.
Puisque tout le monde est là, nous pouvons commencer.
He didn't watch television with them, for he had already seen the film.
Il ne regarda pas la télévision avec eux, car il avait déjà vu le film.

Locution haut de gamme :

all the (+ adjectif au comparatif) *as* ou *since* :
d'autant plus (+ adjectif) que...
He was all the more furious as...
Il était d'autant plus furieux que...
Et quand il n'y a pas d'adjectif :
all the more so since = especially as :
d'autant (plus) que

Condition
   if : si

« *Three may keep a secret, if two of them are dead.* » (Benjamin Franklin) « Trois personnes peuvent garder un secret, à condition que deux soient mortes. »

Inversion chic.

On trouve parfois, en style soutenu, une subordonnée de condition sans *if* et avec plus-que-parfait inversé. (Même type de construction en allemand.) À connaître, sans utiliser !

Had he known that, he wouln't have come.

S'il avait su cela, il ne serait pas venu.

On rencontre aussi parfois cette construction inversée, de style tout aussi « soutenu » :

Should you hear from him, please let me know at once.

Si vous receviez de ses nouvelles, veuillez m'en avertir tout de suite.

as long as : tant que, dans la mesure où
on condition (that) : à condition que
unless : à moins que
provided (that) = providing (that) : pourvu que, à condition que, dans la mesure où
insofar as : dans la mesure où

« *I can believe in anything, provided that it is quite incredible.* » (Oscar Wilde) « Je peux croire à n'importe quoi, pourvu que ce soit absolument incroyable. »

Hypothèse
   if : si
   in case : au cas où
   suppose = supposing : à supposer que
   what if : et si
   Take an umbrella, in case it rains.
   Prends un parapluie, au cas où il pleuvrait.
   « *What if everything is an illusion and nothing exists ? In that case, I definitely overpaid for my carpet.* » (Woody Allen) « Et si tout n'était qu'illusion, que rien n'existât ? En ce cas, j'ai décidément payé ma moquette trop cher. »

Manière ou parallélisme
   as : comme
   As I said, ... - Comme j'ai dit, ...
   As in England...
   Comme en Angleterre... (Subordonnée avec « ellipse » du verbe = *As people do in England...*)

- **Faute d'indigène.**

On entend nombre d'anglophones (notamment les Américains) utiliser ici *like*. Il s'agit d'une incorrection tolérée.
   Like I told you yesterday...

Comme je t'ai dit hier...

as if = *as though* : comme si

> *She behaves as if she were a silly little girl.*
> Elle se conduit comme si c'était une petite idiote.
> *It looks as though it's going to rain.*
> On dirait qu'il va pleuvoir.

N.B. L'emploi du prétérit modal (voir ce temps) est le plus correct ; l'emploi du présent est plus familier.

• **Incorrection (bis).**

Utiliser *like* à la place de *as if* est une incorrection plus corsée que la précédente... Encore une « faute d'indigène ».

> *Looks like it's going to rain.*
> On dirait qu'il va pleuvoir.

Concession

though = *although* = *even though* : bien que, quoique

> *He didn't go to bed immediately, although he was very tired.*
> Il n'alla pas se coucher tout de suite, bien qu'il fût très fatigué.

• Bon français :
1) Ranger « malgré que » au rayon des accessoires obsolètes. Cette conjonction ne s'emploie pas en bon français au sens de « bien que » et de « quoique ».
2) Veiller à toujours utiliser le... subjonctif après « bien que » et « quoique ». Utiliser l'indicatif est une faute grossière, mais très répandue...

• Couac !
Il y a « quoique » (= « bien que ») et « quoi que » (= « quelle que soit la chose que »)

Whatever he may think, I refuse to do that !
Quoi qu'il puisse en penser, je refuse de faire cela !

Opposition
whereas = while : tandis que, alors que
I'm fond of Bordeaux, whereas (= while) she prefers Burgundy.
J'aime le bordeaux, alors qu'elle préfère le bourgogne.

N.B. Ne pas oublier que *while* a un autre sens, celui de « pendant que » (voir Subordonnées de Temps).

But

1) *To = in order to = so as to* (+ infinitif) : pour (+ infinitif) = afin de

> *He left early to (= so as to = in order to) be on time.*
> Il partit de bonne heure pour être à l'heure.

• L'horrible faute à ne pas commettre : *for to...*

« *The music teacher came twice a week to bridge the awful gap between Dorothy and Chopin.* » (George Ade)
« Le professeur de musique venait deux fois par semaine pour combler l'épouvantable fossé entre Dorothée et Chopin. »

• Ne pas s'emmêler les pinceaux

In order not to = so as not to : pour ne pas.

> *He left early so as not to be late.*
> Il partit de bonne heure pour ne pas être en retard.

Pour éviter cette construction d'une légèreté discutable, se servir justement du verbe *to avoid* :

> *He left early to avoid being late.*
> Il partit de bonne heure pour éviter d'être en retard.

2) *So that* : pour que

> *They lent me a bicycle so that I could go with them.*

Ils me prêtèrent un vélo pour que je puisse les accompagner.

• « Pour que » version allégée.

On peut aussi choisir une « proposition infinitive », plus simple d'utilisation.

Schéma : *for* + complément + « infinitif complet »

They lent me a bicycle for me to go with them.

Ils me prêtèrent un vélo pour que je les accompagne.

3) *For fear of* : de peur de

For fear (that) (+ *might* ou *should*) : de peur que

He didn't go with them for fear of disturbing them.

Il n'alla pas avec eux de peur de les déranger.

He didn't go with them for fear (that) they might find it strange.

Il n'alla pas avec eux de peur qu'ils ne trouvent cela bizarre.

Conséquence

so that : si bien que

He left at 8, so that he was late.

Il est parti à huit heures, si bien qu'il a été en retard.

- **Les subordonnées relatives.** (voir à Pronom relatif)

Les phrases exclamatives

- **La classique avec *how* et *what***

    How time flies !
    Comme le temps file !
    How clever you are !
    Comme tu es malin !

Attention à la place de l'adjectif, collé tout contre *how*.

   What lovely weather !
   Quel temps délicieux !
   What a charming foot !
   Quel pied charmant !

N.B. Au singulier : *what... ?* avec un indénombrable, *what a... ?* avec un dénombrable.

- **L'indigène avec *so* et *such***

    They're so nice !
    Ce qu'ils peuvent être gentils !
    He's such a bore !
    Qu'est-ce qu'il est barbant !
    It's such good news !

C'est une nouvelle formidable !
They're such charming people.
Ce sont des gens absolument charmants.
N.B. Au singulier : *such* avec un indénombrable, *such a* avec un dénombrable.

• **L'interro-négative admirative**
Aren't you clever !
Comme tu es malin !

Le discours indirect : de la v.o. au compte rendu

• **Faux plat de résistance.**
La plupart des grammaires adorent s'étendre à n'en plus finir sur toutes les modifications qu'entraîne le passage du « discours direct » (le fait de rapporter entre guillemets les paroles exactes de l'interlocuteur) au « discours indirect » (ces mêmes paroles filtrées par le « rapporteur »). Or les changements de temps et de personnes sont, dans leur majorité, les mêmes qu'en français. Il en va de même pour les modifications, radicales, qui concernent un ordre passant du direct à l'indirect.

« I'm a genius », he shouted.
« Je suis génial ! », cria-t-il.

He shouted that he was a genius.
Il cria qu'il était génial.
« Beat it ! », he yelled at me.
« Casse-toi ! », me hurla-t-il.
He asked me to beat it.
Il me demanda de me casser.

Index

•

Adjectifs possessifs, 35
Can, 118
Comparatif, 50, 51, 53, 54
Conditionnel, 107
Futur, 102
Futur progressif, 104
Futur antérieur, 105
Futur proche, 105
Impératif, 115
Gérondif, 18
May, 119
Must, 120
Need, 122
Noms dénombrables et indénombrables, 11
Ought to, 109
Pluperfect, 101
Pluperfect progressif, 102
Préposition, 61
Présent simple, 90
Présent progressif, 91
Present perfect, 96
Present perfect progressif, 100

Prétérit, 92
Prétérit progressif, 95
Prétérit modal, 96
Pronoms personnels, 19
Pronoms réfléchis, 21
Pronoms réciproques, 22
Pronom relatif, 23
Pronom possessif, 37
Should, 109
Superlatif, 52, 53, 54
Used to, 94
Verbes irréguliers, 81, 82, 83, 84, 85, 86, 87
Would, 94

Du même auteur
Guide du mélomane averti
 Le Livre de Poche 1992
Panorama des littératures européennes
 Éditions L'Harmattan 2000
Vocabulaire anglais courant
 Librio 2004